W0185610

S. FISCHER

Marina Weisband
Eliyah Havemann

# Frag uns doch!

Eine Jüdin und ein Jude
erzählen aus ihrem Leben

S. FISCHER

Aus Verantwortung für die Umwelt hat sich der S. Fischer Verlag zu einer nachhaltigen Buchproduktion verpflichtet. Der bewusste Umgang mit unseren Ressourcen, der Schutz unseres Klimas und der Natur gehören zu unseren obersten Unternehmenszielen. Gemeinsam mit unseren Partnern und Lieferanten setzen wir uns für eine klimaneutrale Buchproduktion ein, die den Erwerb von Klimazertifikaten zur Kompensation des $CO_2$-Ausstoßes einschließt.

Weitere Informationen finden Sie unter:
www.klimaneutralerverlag.de

FSC
www.fsc.org
MIX
Papier aus verantwortungsvollen Quellen
FSC® C083411

Erschienen bei S. FISCHER



Satz: Dörlemann Satz, Lemförde
Druck und Bindung: CPI books GmbH, Leck
Printed in Germany
ISBN 978-3-10-397491-1

# Inhalt

*Dr. Michael Blume, 45, ist Religions- und Politikwissenschaftler in Filderstadt bei Stuttgart. Der evangelische Christ ist mit einer Muslimin verheiratet, die beiden haben drei gemeinsame Kinder. 2015/16 leitete Blume das Sonderkontingent für besonders schutzbedürftige Frauen und Kinder aus Kurdistan-Irak, mit dem 1100 vor allem ezidische Überlebende aus IS-Gefangenschaft nach Deutschland evakuiert werden konnten. Blume lehrt Medienethik am Karlsruher Institut für Technologie (KIT). 2018 schlugen ihn die jüdischen Landesgemeinden in Baden und Württemberg gemeinsam bei Ministerpräsident Winfried Kretschmann (Grüne) und beim Landtag zum bundesweit ersten Beauftragten einer Landesregierung gegen Antisemitismus vor. Sie hatten Blume vorher nicht gefragt, doch er sagte dann zu.*

# Warum es genau dieses Buch braucht

*Vorwort von Michael Blume*

Es ist völlig egal, welche Religion oder Weltanschauung, welches Geschlecht, welche Hautfarbe oder welche Herkunft wir haben – da wir Menschen sind, wird unser Schicksal durch Medien bestimmt. In Sprachen, Schriften, Symbolen schwimmen – oder ertrinken – wir im medialen Miteinander. Welche Medien wir wie benutzen prägt vorbewusst, wie wir denken, fühlen, träumen, lieben, hassen, wählen, glauben, leben und – lesen. Genau jetzt, in diesem Moment, benutzen Sie und ich »gemeinsam« eines der mächtigsten Medien der Erde: Ein Alphabet.

Es ist bis heute nach den ersten beiden hebräischen Buchstaben benannt: Nach Aleph für »Stier« und Beth für »Haus«.

Denn das älteste Alphabet entstand um das 18. Jahrhundert vor unserer Zeitrechnung auf dem Sinai, und es war gegenüber allen älteren Schriftsystemen eine absolute Sensation: Mit unter 30 Schriftzeichen ließen sich alle Sprachen der Erde ausdrücken, es war vergleichsweise leicht zu lernen, es »demokratisierte« den Schriftbesitz und ermöglichte auch den Aufstieg des vielleicht schönsten Begriffes der heutigen deutschen Sprache: Bildung. Weil jeder Mensch – jedes Mädchen, jeder Junge, jede Nichtjüdin, jeder Jude – laut dem ersten Buch der hebräischen Bibel »im Bilde Gottes« geschaffen sei. Dass nicht nur die eigenen Eltern, sondern eine ganze Gemeinschaft »für Bildung« zuständig sein sollte, dass einmal jedes Kind Lesen und Schreiben lernen soll, war der wohl gewagteste religiöse Gedanke der Antike.

Wenn wir also verstehen wollen, warum Jüdinnen und Juden über 20 Prozent aller jemals verliehenen Nobelpreise gewonnen haben, obwohl sie nur 0,2 Prozent der Weltbevölkerung ausmachen, dann streichen wir bitte genetische, rassistische und verschwörungsmythologische Erklärungen dafür. Schauen wir auf die Wertschätzung von Bildung, die im entstehenden Judentum ihre Gestalt gewann und auch in diesem Buch zum Vorschein kommt. Bis heute besteht eine koschere Torahrolle aus 304 805 mit Vogelfedern handgeschriebenen Alphabet-Buchstaben – keine mehr, keine weniger. Die Weisen lehren: So wie kein Mensch durch einen anderen ersetzt werden könne, so auch kein Buchstabe. Und wenn ein Kind in der Synagoge das erste Mal vorgelesen hat – die Bar Mizwa von Jungen, die Bat Mizwa von Mädchen –, dann bricht Jubel in der Gemeinde aus, und von den Tribünen regnet es Bonbons. Das ist »das Geheimnis« – und führte leider auch zu Neid, Hass und Verfolgungen.

Antisemitische Erklärungen sind also nicht nur menschenverachtend, niederträchtig und gefährlich. Sie sind auch schlichtweg falsch und übersehen, dass »Bildung« unsere gemeinsame Aufgabe sein kann.

Immer noch treffe ich dagegen auf die wahnwitzige Vorstellung, bei »Semiten« handele es sich um eine »Rasse« aus »Juden und Arabern«. Aber es gibt wissenschaftlich gesehen keine abgrenzbaren »Menschenrassen« – weswegen sich Rassist:innen nicht einmal auf eine Zahl derselben einigen konnten –, und das Judentum ist schon gar keine. Marina Weisband gehört ihm durch die Geburt von einer jüdischen Mutter an und schreibt über ihren eigenen, lernenden Weg dazu. Eliyah Havemann wurde jüdisch durch Konversion, also durch Lernen und Leben. Ein Schmock, wer Marina wegen ihrer Halskette zu einer »anderen Rasse« zählen oder Eliyah als nicht wirklich jüdisch deuten wollte! »Frag uns doch!« ist auch ein Buch gegen Rassismus.

Auch in der Niederschrift der mündlichen Torah, des Talmud, wird »Schem« nicht als Begründer einer »Rasse« gewürdigt, sondern einer Schule. Er habe, gemeinsam mit seinem Enkel Eber – dem ersten Hebräer – im heutigen Jerusalem das erste Lehrhaus der Erde gegründet, in dem in Alphabetschrift unterrichtet worden sei. Und tatsächlich finden wir die ersten Alphabetzeichen in Lachisch bei Jerusalem schon um das 15. Jahrhundert v. u. Z. – was keine wortwörtliche Wahrheit des Talmud beweist, aber sehr wohl eine klug bewahrende Tradition der Erinnerung. Gelehrt hätten die beiden in ihrem gemeinsamen Projekt dabei noch nicht den Bund des Moses – der ja viel später kam –, sondern den Bund des Noah, des Regenbogens, der sich an alle Menschen und die Schöpfung insgesamt richte. Wenige haben gemerkt, dass in diesem Jahr »1700 Jahre jüdisches Leben in Deutschland« vor allem der Regenbogen als Zeichen der Vielfalt, der Menschenrechte und des Miteinanders Furore machte.

Meine Frau als Muslimin und Deutsche türkischer Herkunft und ich als konfessionsfrei aufgewachsener, später evangelischer Christ versuchen, uns immer mal wieder vor Augen zu führen, wie viel von dem, was unsere Herkünfte ausmacht, durch verschiedene Kulturen hervorgebracht wurde. Lateinische Alphabete, arabische Ziffern – mit der Null als entscheidender Zugabe aus Indien –, unsere Heilige Schriften und das Grundgesetz auf Basis von Alphabeten, die globale Zeitrechnung nach einem jüdischen Arbeiterkind, das schon im Alter von zwölf Jahren drei Tage mit Schriftgelehrten reden konnte – die Liste ließe sich ewig fortsetzen.

Wer also eine Kultur, eine Religion hasst und zu vernichten trachtet, vor dem ist genau niemand sicher. Im nationalsozialistischen, nicht zuletzt durch elektronische Medien verbreiteten Rassen- und Verschwörungswahn half es Roma und Sinti nicht, dass sie christlichen Kirchen angehörten. »Der Hass, der immer bei den Juden beginnt, endet nie bei den Juden.« So hat Rabbi Lord Jonathan Sacks sel. A. diesen Zusammenhang benannt. Wer Antisemitismus »nur der Juden zuliebe« bekämpft oder glaubt, es wäre eine Angelegenheit, um die sich vor allem Jüdinnen und Juden zu kümmern haben, hat noch nicht einmal im Ansatz begriffen, um was für eine Art der Gefahr es geht.

Medien sind also im Guten wie im Schlechten so überaus mächtig, dass schon kleinste Veränderungen große Unterschiede machen. Entsprechend identifizierten die Weisen des Talmud das Alphabet der Griechen mit Sems Bruder Japheth. Sie hätten ja auch sagen können: »Wer hat es erfunden? Kein anderes Volk soll Alphabete benutzen!« Doch sie behaupteten eben gar nicht, dass Sem das Alphabet erfunden habe – sie rühmten ihn als Lehrer. Und obwohl hinter den Buchstaben Alpha – Beta schon keine Symbolbedeutungen mehr standen, stellten sie das japhetitische Alphabet »neben« das semitische und rühmten beide. Heute verwenden wir das griechische Alphabet weltweit im Dienst der Wissenschaft – auch zur Benennung der Covid-19-Varianten. Mit einem Enkel des Japheth, Aschkenas, wurde schließlich die Sprachregion nördlich der Alpen verbunden, die wir heute »deutsch« nennen. Wenn Marina zu Recht darauf hinweist, dass auch das »nicht aschkenasische Judentum« zu verstehen sei, so möchte ich zuspitzen: Wer von Aschkenasim und Sephardim nichts weiß, verbaut sich die Chance, die deutsche und europäische Geschichte – einschließlich jener Israels – auch nur annähernd zu verstehen. Wer das Judentum nur als Block denken kann, verschließt die Augen vor der lebendigen Vielfalt von Kultur(en) insgesamt.

Und beide, Marina und Eliyah, beschreiben eben auch, dass sie in der Schule erst dann vom Judentum erfuhren, als es um den Holocaust ging. Auch weil kaum noch Holocaustüberlebende zu den jungen Menschen gehen können, wachsen heute in Deutschland Millionen Kinder auf, die nur von toten Jüdinnen und Juden gelernt haben. Viele glauben dann, das Judentum bestünde aus trauriger Klagemusik, körnigen Schwarzweißbildern von Männern mit Schläfenlocken und schlechtem Gewissen. Auch gestandene Politikerinnen und Politiker sind immer wieder überrascht, wenn ich sie einmal zu einem jüdischen Gemeindefest oder einem Kindergarten mitnehme oder wenn sie das erste Mal Israel betreten. Ja, die Erinnerung an den Genozid der Shoa darf nicht verblassen. Doch gerade deswegen ist es wichtig, heutige Jüdinnen und Juden als lebendig und vielfältig anzuerkennen, statt sie mit Mitleid herabzusetzen und als vermeintliche Museumsstücke zu verzwecken. Marina hat in ihrem Vorwort zur Sehnsucht nach »Normalität« dazu deutlich geschrieben.

Betrachten wir also als letztes Medium das Internet, das ja eigentlich aus einer Vielzahl verschiedener Portale besteht. Einige davon nennen sich »soziale Medien«, obwohl sie auch die üblen Seiten der menschlichen Psyche offenlegen. Frauenfeindlichkeit, Verschwörungsmythen, Antisemitismus und Rassismus sind buchstäblich Alltag in diesen Foren. Während ich diese Zeilen schreibe, pausiert der deutsch-jüdische Komponist Igor Levit auf Twitter nach einer Serie unterirdischer Angriffe, und auch die deutsch-irakische Journalistin Dunja Hayali macht eine Pause, nachdem sie Twitter-öffentlich als »Deep State Marionette« verhöhnt und bedroht wurde. Internet-Trolle suchen gezielt bekanntere Personen, jagen nach privaten und emotionalen Schwachstellen, zielen auf digitale Macht, sexualisierte Gewalt gegen Frauen und die Zerstörung demokratischer Diskurse. Auch ich selbst musste nun mehrfach auf Beleidigungen und Drohungen reagieren, mich an Polizei und Justiz wenden und habe 2019 auch öffentlich darüber gesprochen, warum ich meinen Facebook-Account nicht mehr aufrechterhalten konnte. Es ist recht leicht dahingesagt, man dürfe »das Netz nicht dem Hass überlassen«, bis sich die Angriffe gegen die eigene Integrität, gegen den eigenen Körper und gegen die eigene Familie richten. Im Irak mussten wir erleben, dass sich ganze Terrororganisationen wie der sogenannte »Islamische Staat« fast vollständig digital organisierten, bis hin zur professionellen Anwerbung von Spenden und radikalisierten Rekruten. Wer sich einmal darüber schlaumacht, wie der Buchdruck ganz Europa einschließlich der Kirchen aufgesprengt und umgepflügt hat, bekommt eine Ahnung, was hier gerade vor sich geht.

Mit »Frag uns doch!« haben Marina Weisband und Eliyah Havemann daher nicht einfach nur Twitter clever und konstruktiv genutzt. Sie haben – zumindest mich – daran erinnert, dass es auch einen Traum vom Internet als ein Medium der respektvollen Begegnung und des Kennenlernens gab. Es liegt an uns allen, jeden Tag neu, ob und wie wir das Medium Internet zum Guten oder Schlechten benutzen – und auf welche Bücher wir uns dadurch hinweisen lassen. Es war nie so leicht, andere anzugreifen. Es war aber auch noch nie so leicht, andere zu fragen.

Deswegen danke ich von Herzen allen, die Marina und Eliyah konstruktive Fragen gestellt und damit dieses Buch möglich gemacht haben – und nicht weniger allen, die es in die Hand nehmen und damit zum Leben erwecken. Denn Medien bestimmen nicht weniger als unser Schicksal als Mit-Menschen.

# Wie es zu diesem Buch kam

Es begann alles mit »Menschen jüdischen Glaubens«. Dieser Satz hat mich in der öffentlichen Kommunikation schon länger gestört: »Wir müssen Menschen jüdischen Glaubens schützen.« Warum nur Menschen jüdischen Glaubens? Was ist mit jüdischen Menschen, die atheistisch sind? Oder agnostisch? Oder getauft? Mir schien, dass sich hinter diesem Ausdruck ein Missverständnis dessen offenbarte, wer Jüd:innen sind. Ich habe darüber getwittert und festgestellt, dass viele Deutsche gar nicht wissen, dass das Judentum anders ist als missionierende Religionen – dass die Identität über den Glaubensaspekt hinausgeht. Dazu wollte ich ein Video drehen. Diese kurzen Videos, fünf oder acht Minuten lang, stelle ich häufiger auf Youtube, um etwas zu teilen, was ich gelernt habe, oder meine Meinung zu einem Thema kundzutun.

Ehe ich mir aber die Mühe gemacht habe, meine Kamera im Wohnzimmer aufzubauen und mich auszuleuchten, dachte ich, ich könnte ein paar andere Fragen gleich mit bearbeiten. Also habe ich einen Tweet abgesetzt, um ein wenig zu sammeln:

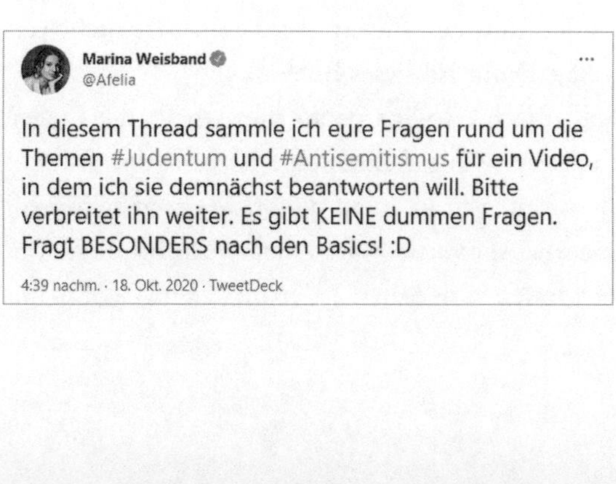
Marina Weisband
@Afelia

In diesem Thread sammle ich eure Fragen rund um die Themen #Judentum und #Antisemitismus für ein Video, in dem ich sie demnächst beantworten will. Bitte verbreitet ihn weiter. Es gibt KEINE dummen Fragen. Fragt BESONDERS nach den Basics! :D

4:39 nachm. · 18. Okt. 2020 · TweetDeck

Ich gebe frei zu, an dieser Stelle die Neugier der Community ein wenig unterschätzt zu haben. Ich dachte, ich nehme fünf oder sechs Fragen mit, damit sich ein Video auch wirklich lohnt. Es kamen aber in den ersten Tagen etwa 450 Fragen zusammen. Es waren naive Fragen. Es waren fortgeschrittene Fragen. Es waren persönliche Fragen. Fragen zur Religion, zum Alltag, zu mir, zur Geschichte. Das war der Zeitpunkt, an dem ich begriff, dass dies ein klein wenig mehr Zeit in Anspruch nehmen würde.

Ich begann damit, alle diese Fragen in einer Exceltabelle zu kuratieren, die Dopplungen rauszulöschen, sie thematisch halbwegs zu sortieren. Sofort verstand ich, dass es mir unmöglich sein würde, alle diese Fragen zu beantworten. Erstens fehlt mir in einigen Bereichen schlicht die Fachkenntnis. Zweitens würde ich sie notwendigerweise nur aus meiner Perspektive beantworten können. Das wäre der Sache aber nicht angemessen. Denn es gibt unendlich viele Arten, das Judentum zu definieren.

Es ergab sich die Notwendigkeit, zumindest eine zweite Stimme in den Antworten zu haben, die ganz anders ist als meine. Das hätte zudem den Vorteil, die Hälfte der Schuld abwälzen zu können. Zu meinem Glück erbot sich Eliyah Havemann, den ich bis dahin nur ab und an auf Twitter gesprochen hatte, mir zu helfen. Wirklich kennengelernt haben wir uns also erst über die Arbeit an den Videos und an diesem Buch. Eliyah brachte sehr viel Expertise gerade in den Fragen der Religion und Halacha sowie in nicht aschkenasischen Strömungen des Judentums ein. (Wenn ihr diesen Satz nicht versteht, das ist okay. Dafür ist dieses Buch da.)

Anschließend machten wir uns an die Arbeit, die Fragen nicht nur in eine sinnvolle Reihenfolge zu bringen, sondern auch zu beantworten. Wir kannten die Fragen zwar schon vor dem Dreh, doch die Antworten waren nicht vorformuliert. Wir haben uns stattdessen hingesetzt, jeder in seinem Wohnzimmer, eine Verbindung über Zoom zwischen Deutschland und Israel aufgebaut und die Fragen gelesen und frei von der Leber weg beantwortet. Das Setting war also sehr Diaspora-typisch. Manchmal hatten wir dabei Meinungsverschiedenheiten. Wir haben selbst voneinander viel gelernt. Das Ergebnis ist eine fünfteilige Videoreihe auf Youtube, die der Künstler Karol Kosmonaut produziert und untertitelt hat. Alles auf Nullbudget.

Die Videos erfreuten sich großen Zuspruchs und wurden oft auch in Schulklassen gezeigt. Es folgten viele Rückfragen zu unseren Antworten, teilweise ganze Fragenkataloge, die in Klassen gesammelt wurden. Die Fragen, die sich rund um das Projekt ergaben, sind nun in diesem Buch versammelt.

Keine dieser Fragen haben wir uns ausgedacht. Manche dieser Fragen wurden von Jugendlichen gestellt und können vielleicht etwas naiv oder unkorrekt klingen. Aber es gibt keine dummen Fragen! Auf manche Fragen wären wir nie gekommen. Wir glauben dennoch, dass Menschen von der Beantwortung dieser allesamt ehrlichen und aus Neugier gestellten Fragen profitieren können. Das ist, was den Reiz dieses Projekts ausmacht: Menschen, die sich mit dem Judentum nicht auskennen, können diese Fragen nicht beantworten. Menschen, die Bücher über das Judentum schreiben, halten einiges davon für selbstverständlich oder kommen nicht auf die Idee, auf diese Themen einzugehen. Insofern versteht sich dieses Werk nicht als Einstiegswerk ins Judentum oder als Konkurrenz zu phantastischen Werken wie *99 Fragen zum Judentum* von Rabbiner Walter Rothschild, auch wenn es ein ähnliches Fragenformat hat und wundervoll locker antwortet. Es ist nicht didaktisch kuratiert und fragt nicht nach Expertise, sondern sucht nach neuen Formen des Teilens von Erfahrung und Dialog.

Die Druckerpresse hat es Autor:innen ermöglicht, allein zu vielen Menschen zu kommunizieren. Die digitalisierte, vernetzte Welt ermöglicht es uns, von vielen zu vielen zu kommunizieren. Das wird das Schreiben verändern. Für mich war das Experiment, ein Produkt herzustellen, das sich praktisch ausschließlich auf das geäußerte Interesse seines Publikums stützt, eine neue und spannende Erfahrung. Das Erarbeiten im ständigen Austausch mit Interessierten, mit Jugendlichen, ist das, was mich begeistert und überhaupt bewegt hat, ein Buch rund um das Thema Judentum zu machen. Denn es ist nicht das Feld meiner Expertise. Nicht das Objekt meines Aktivismus. Es ist ein verlegener Schritt in die Sichtbarkeit, die zu Normalität werden soll.

Eine kleine Anmerkung: Wir gendern in diesem Buch. Wir haben verschiedene Vor- und Nachteile dessen erwogen. Aber schwerer als das Argument »Manche Leute fühlen sich davon so gekränkt, dass sie darüber nicht hinweglesen können« wog folgendes Argument von Eliyah: Wir schreiben dieses Buch, um Jüd:innen sichtbarer zu machen. Da wäre es irgendwie ironisch, wenn wir Frauen sprachlich unsichtbar machen. Wir schreiben dabei »Jüd:innen« überall dort, wo (zumindest potenziell) individuelle Menschen gemeint sind, und »Juden«, wo es um das Volk Israel allgemein geht. Ein Beispiel: »Für viele Jüd:innen ist der Schabbat heilig.«, aber »Der Schabbat ist Juden heilig.« Ähnlich halten wir es auch mit Christ:innen und Muslim:innen.

## MARINA
# Das Sichtbarkeitsparadoxon

Es gibt eine Legende in unserer Familie, woher mein Großvater (Jahrgang 1906) seine prominente Nase hatte. Bei den Pogromen in Kiew 1919 soll er aus der Straßenbahn geschubst worden sein und sich die Nase gebrochen haben. Seitdem sei sie so. Mein Vater hatte diese Nase, und ich habe sie nun auch. Über diese Geschichten aus dem Bereich des magischen Realismus und tragikomische jüdische Witze hinaus spielte das Judentum in meiner Kindheit keine wirkliche Rolle. Was genau es bedeutete, dass meine Familie jüdisch ist, war mir während meiner Kindheit nicht klar. Mir war nicht klar, warum wir unseren Namen wechseln mussten und uns Onufriyenko statt Weisband nannten. Mir war nicht klar, dass ich mit dem Namen Weisband in der Ukraine wahrscheinlich nicht hätte studieren können. Mir war in besonderem Maße nicht klar, warum Großvater 1993 erklärte, dass die Familie nach Deutschland übersiedeln würde. Hatte der Patriarch nicht selbst auf alle geschimpft, die das Land verließen, seit die Ausreise 1990 möglich geworden war?

Niemand hatte mir von den Gerüchten über anstehende Pogrome erzählt, die er so ernst genommen hatte, dass er die ganze Familie nach Deutschland übersiedelte. Alle seine Söhne, deren Frauen, die Kinder und Enkel seiner Schwester. Die ganze Großfamilie. Auf sein Wort hin zogen sie alle fort. Ließen Häuser zurück, Berufe, Lebensläufe, Freunde, Sprache, Klaviere und Katzen. (Die Klaviere und Katzen waren mir selbst am schmerzhaftesten, präziser, *mein* Klavier und *meine*

Katze. Mein sechsjähriges Ich hatte wenig Verständnis für diese Art von Opfer.)

Ich habe nur irgendwie mitbekommen, dass die Familie auszieht und den Weg ins gelobte Land sucht. Deutschland. So weit im Westen, dass es für uns schon von der Landkarte fiel. Für uns war »der Westen« die DDR, von wo Leute, die das Glück hatten, sie besuchen zu dürfen, mit Ketten voller Klopapierrollen um den Hals zurückkehrten. Hinter Helmstedt war für uns einfach nichts mehr gekommen. Und nun gingen wir dahin, in diese neue Welt.

Meine Mutter wollte zunächst nicht gehen. Sie hatte eine gute Ausbildung als Ökonomin, eine ordentliche Arbeit, und sie liebte ihre Heimatstadt. Sie wollte unbedingt in der Ukraine bleiben, meinem Großvater nicht folgen, obwohl sie sich der möglichen Gefahr durchaus bewusst war. Meine Gesundheit kam ihrem Plan in die Quere. Als Kind war ich sehr schwer krank, etwa seit meinem zweiten Lebensjahr. Als ich sechs war, hatten sich die therapeutischen Möglichkeiten für mich erschöpft. Es war nichts für mich zu tun. »Versuchen Sie es vielleicht im Westen«, riet man meiner Mutter halbherzig. Sie hatte keine Wahl. Im Jahr 1994 standen wir mit zwei Koffern in Frankfurt. Mein Vater holte uns ab und brachte uns in die Notwohnung, die alle Geflohenen gleich schildern: Container, Zimmer mit Doppelstockbetten, lange, trostlose Gänge, riesige Gemeinschaftsküchen und -waschräume. Von dort aus ging es in die erste von vielen Wohnungen, durch die uns das Sozialamt in den folgenden Jahren schicken würde.

Als wir nach Deutschland kamen, hatten wir die Wahl, uns in Dortmund oder Wuppertal anzusiedeln. Andere Optionen gab es nicht. Die gesamte Familie wählte Dortmund. Folglich wählte mein Vater Wuppertal. Hier siedelten wir uns an, hier besuchte ich im selben Jahr die erste Klasse der Grundschule, an der ich die einzige Ausländerin war. Ohne ein Wort Deutsch.

Wir wurden gut willkommen geheißen. Leute halfen uns. Von der Sozialhilfe konnte man damals halbwegs anständig leben. Ich habe Deutschland als freundliches Land kennengelernt. Dennoch weiß ich nicht, wie meine Mutter diese Zeit überstanden hat. Mit zwei kleinen Kindern, beide nicht gesund, allein in der Fremde, ohne Sprache und ohne Orientierung. Sie war 26 Jahre alt.

Das Spannende an der Regelung für Kontingentflüchtlinge, nach der ein Kontingent jüdischer Auswander:innen aus der Sowjetunion nach Deutschland einreisen durfte, war, dass Deutschland erwartet hatte, damit das jüdische Leben wiederzubeleben. Dass die Gemeinden wieder aufblühen, dass das Judentum auf deutschem Boden wieder aktiver gelebt wird. Stattdessen kamen wir. Der Funktionär einer jüdischen Jugendorganisation wurde vom *Spiegel* zitiert mit den Worten: »Wir haben Juden erwartet, und es kamen Russen.« Unwillkürlich erinnert dieser Satz natürlich an Max Frischs: »Man hat Arbeitskräfte gerufen, und es kommen Menschen.« Ich kann den Frust aber gut verstehen. Denn wir waren Menschen, die weder Deutsch noch Hebräisch sprachen. Wir konnten an den Gottesdiensten also nicht wirklich teilnehmen. Mehr noch – die wenigsten hatten überhaupt den Wunsch dazu. Die jüdische Bevölkerung der Sowjetunion hatte sich schon in den 1920er Jahren stark säkularisiert. Religionsausübung war in der jungen Räterepublik generell nicht gern gesehen, weder jüdische noch sonst welche. Wer vor der neuen Regierung – gerade während der stalinistischen Säuberungen der 1930er Jahre – einen guten Stand haben wollte, verzichtete generell auf religiöses Gebaren, Gottesdienste und jüdische Feiertage. Es kam zu einer Spaltung zwischen »Stadtjuden« und den Juden in den Siedlungszonen im ländlich geprägten sowjetischen Westen, wo jüdische Kultur noch gelebt wurde.

Meine Familie, Stadtjuden seit Zarenzeiten, war entsprechend weitestgehend assimiliert. Wir feierten keine jüdischen Feiertage. Die einzigen Feiertage in meinem Kalender waren Neujahr (der größte Feiertag), der 8. März (Frauentag) und mein Geburtstag. Die restlichen Nationalfeiertage wurden bei uns nicht wirklich begangen, da meine Eltern, gelinde gesagt, keine Fans des Sowjetregimes waren. Wir feierten entsprechend keine Gottesdienste. Wir sprachen kein Hebräisch. Jiddisch nutzten meine Großeltern, wenn sie miteinander stritten und wir Enkel:innen sie nicht verstehen sollten.

Unsere Jüdischkeit war also bestenfalls als kompliziert zu beschreiben. Entsprechend waren sowohl wir selbst als auch die befreundete Familie in unserer Straße, die aus Tadschikistan kam und einen auffällig jüdischen Nachnamen hatte, für unsere deutsche Umwelt: Russen.

Wir waren Russen, als in unserer migrantisch geprägten Straße die »Russen-Türken-Kriege« zwischen den Kindern tobten und die türkischen Kinder uns von den Fahrrädern stießen. Wir waren Russen, wenn es um Kultur in der Schule ging. Und wenn wir die jüdische Gemeinde besuchten – das kam durchaus öfter vor –, dann um Theaterstücke auf Russisch zu schauen oder um Lesungen von Autor:innen auf Russisch zu hören oder um Geburtstage zu feiern und dafür den Saal zu nutzen. Ich selbst habe, als ich noch sehr klein war, gedacht, dass es eine Art russischer Kulturclub war. Denn wir waren alle neu im Land. Alle ohne Orientierung und Halt. Und hatten nur einander. Und das war nicht dezidiert jüdisch. Aber es war, wenn man es recht bedenkt, auch nicht gerade unjüdisch.

In der Grundschule besuchte ich den katholischen Religionsunterricht, am Gymnasium dann den evangelischen. Wohin hätte man mich auch stecken sollen? Zum ersten Mal habe ich wirklich die Implikationen meiner Abstammung und Familiengeschichte begriffen, als es in der Schule um den Holocaust ging. Das war nämlich das erste Mal, dass Juden in der Schule so wirklich erwähnt wurden, jedenfalls seit ich die Sprache genug sprach, um es zu verstehen. Ich sagte damals nichts zu meiner Abstammung noch zu meiner Familiengeschichte. Aber ich hatte eine Menge Fragen an meine Mutter. Und sie gab mir Antworten. Viele Antworten. Antworten, für die ich, im Nachhinein betrachtet, zu klein war. Und einige, die zu spät kamen. Und viele, von denen ich einfach schockiert war, sie nicht zuvor gewusst zu haben.

Nachdem ich diese Unterscheidung – Juden und Nichtjuden – einmal gelernt hatte, verstand ich, dass vieles in meiner Familie, das ich für »russisch« gehalten hatte, in Wirklichkeit jüdisch war. Meine Tante beherrschte die jüdische Küche phantastisch, und ich lernte, dass »Gefilte Fisch« kein russisches Gericht war. Dass es einen jüdischen und einen ukrainischen Borschtsch gab und ich den ukrainischen nie probiert hatte! Dass sogar das kleine »Gwalt!«, das meiner Mutter immer rausrutschte, wenn sie erstaunt war, jiddisch war und keineswegs russisch. Es gab also diese Kultur, die mir später die Verbindung mit anderen Jüd:innen so sehr erleichterte und die man nicht verstehen kann, wenn man mit sechs sein Heimatland verlässt und nicht unterscheiden kann, welche Tradition nun woher stammt.

Ich verbrachte also meine Jugend in dem Bewusstsein, diese komische Jüdin zu sein, die in keinen Religionsunterricht hineinpasst, die andere um ihre Weihnachtsgeschenke beneidet, um ihre Normalität und Gemeinschaft. Vor allem beneidete ich, mit welcher Selbstverständlichkeit ein Fest wie Weihnachten gefeiert wurde. Ohne hinterfragt zu werden, ohne dass man es sich bewusst aussuchen oder erarbeiten musste. Als Immigrantin bekommt man Traditionen nicht notwendigerweise geschenkt. Man muss sie sich erarbeiten. Ich beneidete auch die Leute, die etwas hatten, an das sie glaubten. Was sie tröstete. Ich nahm es meiner Mutter sogar ein wenig übel, mir so etwas nicht gegeben zu haben. Ich beschäftigte mich mit Religion zuerst theoretisch. Der zentrale Punkt ging mir daran aber ab: der Trost, den Glauben spenden konnte. Das tiefe Gefühl, tatsächlich erschaffen zu sein und nicht zufällig irgendwie da. Das Gefühl, einen Anfang zu haben und ein Ziel. In Dostojewskis *Idioten* spricht Fürst Myschkin über das Gefühl, dass die ganze Welt ein Fest feiere und jeder sei auf diesem Fest eingeladen, sogar die kleine Fliege auf dem Fensterbrett. Nur er sei ein ungebetener Besucher, für den kein Platz bereitet worden sei und mit dem niemand etwas anzufangen wisse.

Dieses Gefühl begleitete mich durch meine Jugend. Ich kann genau datieren, dass es sich verändert hat, als ich siebzehn Jahre alt war, während meiner Abiturprüfungen. Was genau der Auslöser war, weiß ich nicht. Vielleicht meine nächtliche Lektüre von Tolstois *Krieg und Frieden* und der damit einhergehenden Reflexion von Leben und Tod. Vielleicht war es der große Wandel in meinem Leben: Wuppertal zu verlassen, ein Studium zu beginnen. Ich begann zu fühlen, dass ich einen Platz in der Welt hatte. Ich sprach in der Öffentlichkeit nie über meinen Glauben, weil es für mich am Ende des Tages etwas in erster Linie Emotionales und Intimes ist. Die wichtigste Veränderung, die mir der Glaube gab: Ich begriff durch ihn wirklich und tief den Wert anderer Menschen. Und meinen eigenen Wert.

Ich lebte meinen Glauben privat, ohne ihn mit anderen Menschen groß zu besprechen. Für eine kurze Weile war ich damit zufrieden. Ich zog nach Münster, begann mein Studium, fand Freund:innen. Doch irgendwann genügte es mir nicht mehr. Denn das Judentum ist nicht umsonst voller Regeln, Rituale und Gesetze. All das hilft dabei, den Glauben, den man fühlt, auch zu leben. In Handlungen zu verwandeln. Selbst im stressigen Alltag zu reflektieren. Ich fühlte mich schuldig, dass ich beispielsweise nicht betete, etwa wie wenn man wirklich lange ein Elternteil nicht angerufen hat.

Hier begann eine lange Reise, im Zuge derer ich die Scherben meiner eigenen Identität mühsam zusammentrug, ein wackeliges und immer stabileres Konstrukt dessen bauend, wer ich bin in der Welt und was meine Aufgaben und Pflichten sind. Ich war, mit einem Wort, jung.

In Münster besuchte ich zum ersten Mal regelmäßig eine Synagoge mit dem ausgesprochenen Ziel, tatsächlich dem G'ttesdienst beizuwohnen und zu beten. Ich ging jeden Freitagabend hin, manchmal auch Samstagmorgens. Der Schabbat strukturierte meine Woche. Er wurde zum Herzschlag meines Lebens. Ich begann, über das Judentum zu lernen. Ließ mir vom Rabbi Literatur empfehlen, traf mich nachmittags mit ihm zum Kakao, lernte und diskutierte. Wir waren in der Gemeinde eine Gruppe junger Leute, alle unter vierzig jedenfalls. Nach dem Schabbatg'ttesdienst gingen wir regelmäßig noch in ein Café, lachten und schwatzten. Mich hat damals fasziniert, wie leicht es mir gefallen war, eine gemeinsame Sprache mit meinen neuen Freund*innen zu finden. Einer kam aus Paraguay, einer aus Mexiko, eine aus Tschechien, einer aus England, eine aus Frankreich, einer aus Russland… Dennoch gab es sofort einen Humor, der uns verband, eine gewisse geteilte Erlebniswelt. Ich hatte das ehrlich nicht erwartet. Ich habe hier Menschen gefunden, unter denen ich mich familiär und zu Hause fühlte, ohne dass wir notwendigerweise Hobbys teilten oder zusammen studierten. Inzwischen hat es uns wieder in etliche Windrichtungen zerstreut, doch sogar während der Pandemie noch haben wir die Möglichkeit gefunden, uns per Zoom wiederzutreffen. Alle in verschiedenen Ländern.

Mit der Zerstreuung dieses Freundeskreises ging ich immer seltener in die Gemeinde in Münster, obwohl sie mir gleichzeitig fehlte. Ich lernte aber während meiner sehr reiseintensiven Arbeit andere Gemeinden kennen. In Kiew, wo ich meine Sommer verbrachte, besuchte ich die liberale Gemeinde. Mit dem Vorteil, in beinahe jeder israelischen Stadt irgendwelche Verwandten zu haben, bereiste ich Israel. Mein kleines bisschen Hebräisch, das ich aus den Gebeten kannte, erweiterte ich um rudimentäres Neuhebräisch, um mich dort im Alltag zurechtzufinden. In Israel verbrachten mein Mann und ich auch unsere Flitterwochen. Wir reisten von Norden nach Süden, und ich musste ihn der Familie präsentieren. Man war im Allgemeinen sehr zufrieden.

Parallel zu all diesen Ereignissen begann ich meine politische Karriere. Das ist eine völlig andere Geschichte. Hier sei nur gesagt, dass ich in dieser Zeit Psychologiestudentin war, dass meine gesamte politische Karriere völlig ungeplant war und ich mir nicht wirklich erklären konnte, wie ich mit 23 Jahren plötzlich im Bundesvorstand einer Partei war, die eben frisch ins Berliner Abgeordnetenhaus eingezogen war und sich darum bundesweiten Interesses erfreute. Jedenfalls wurde ich, sehr frisch in meiner Rolle, 2011 von meinem Vorstandsvorsitzenden spontan mit zu einer Bundespressekonferenz eingeladen. Ich flocht mir die Haare, zog mein bestes Kostüm an (Orsay, etwa 28 €) und behielt, einfach weil ich sie immer trug, die Davidsternkette um den Hals, die mein Onkel mir geschenkt hatte. Sie war sehr dezent, und ich habe nicht an sie gedacht, bis ich nach der Pressekonferenz von Journalist:innen darauf angesprochen wurde. »Sind Sie Jüdin?«, wurde ich von einem ausländischen Journalisten gefragt – deutsche Journalist:innen würden so etwas nicht fragen. Bis zu diesem Zeitpunkt hatte ich die Möglichkeit, meine Identität aus dem Licht der Öffentlichkeit rauszuhalten. Man sah mir ja nichts an. Weiß wie ich bin und inzwischen ohne jeden Akzent könnte ich leicht als Deutsche durchgehen. Ich könnte aber auch bewusst als Jüdin in der Öffentlichkeit stehen, um einfach zu normalisieren, dass es in Deutschland jüdische Politiker:innen gab, die sich mit völlig anderen Dingen beschäftigen konnten als mit

»jüdischen Fragen«. Ich könnte einen kleinen Beitrag dazu leisten, dass man diese Frage normal stellen konnte und die völlig normale, selbstverständliche Antwort bekommen könnte: »Ja. Jedenfalls, was ich noch zur Digitalisierung der Bildung sagen wollte …« Also holte ich Luft und antwortete ganz schlicht: »Ja. Jedenfalls, was ich noch zur Digitalisierung der Bildung sagen wollte …«

In der nächsten Zeit überwog das Novum der Piratenpartei zum Glück so sehr, dass ich praktisch gar nicht explizit als »Quotenjüdin« irgendwohin eingeladen wurde. Das suchte ich nämlich unbedingt zu vermeiden. Ich wollte es gerade sehr gezielt nebensächlich behandeln. Denn es spielte nur für mein Privatleben eine große Rolle. Es war mir wichtig, dass ich jüdisch sein und mich gleichzeitig für eine progressive Bildungspolitik einsetzen konnte und für das BGE und andere völlig unverwandte Dinge. Mein Ziel war es, meinen Beitrag zu leisten, Judentum zu normalisieren.

Selbst in dieser nebensächlichen Art bekam ich natürlich den Antisemitismus zu spüren, dem Jüdinnen in der Öffentlichkeit begegneten. Ich schreibe das mit Absicht in der weiblichen Form, weil die Qualität bei Frauen noch mal eine andere ist als bei Männern. Hätte man mich 2010 gefragt, ob Deutschland ein Antisemitismus-Problem hat, hätte ich stolz in jede Kamera »Nein!« gerufen. (Ich habe 2010 sowieso sehr viele dumme Dinge gesagt, und ich bin dankbar, dass Menschen stets dazulernen.) Inzwischen muss ich korrigieren: ein sehr großes. Ich begann also, Antisemitismus zu erforschen. Ich bekam ja in meinen Posteingang regelmäßig viel Primärliteratur. Wenn ich die zur Polizei brachte, was manchmal sein musste, wurde mir manchmal sehr gut geholfen, manchmal ließen mich einige Reaktionen (»Ist doch nur im Internet«) etwas sprachlos zurück. Ich begann also, Videos zu drehen über Stochastischen Terrorismus, Onlineradikalisierung und zur Rolle der Strafverfolgung. Ich begann, Schulungen bei der Polizei zu diesem Thema zu geben.

Zum Holocaustgedenktag 2021 schließlich lud mich der Bundestag ein, eine Rede zu halten. Ich hatte mehr als eine Panikattacke bei der Vorstellung, direkt nach der Holocaustüberlebenden Charlotte Knobloch zu sprechen, die ihre Zeit mit mir teilte, um irgendwie für eine dritte Generation der Überlebenden zu sprechen. Für wen könnte ich sprechen? Und wie? Ich schrieb eine zehnminütige Rede, die heute noch nachzuschauen ist. Im Allgemeinen war man sehr zufrieden. Danach wurde ich viel häufiger explizit als Jüdin irgendwohin eingeladen. Gerade im Zuge der Feierlichkeiten von »1700 Jahren jüdisches Leben in Deutschland«. Ich war nicht immer glücklich über diese Entwicklung. Denn eigentlich wollte ich explizit nicht »die Jüdin« sein. Erstens gibt es auf dem Gebiet Leute, die lange vor mir Repräsentationsarbeit gemacht haben und es auch weit besser tun. Deren Identitäten und Biographien so viel kohärenter sind als meine. Zweitens wollte ich ja explizit die nebensächliche Jüdischkeit normalisieren. Und drittens konfrontierte man mich bei solchen Veranstaltungen regelmäßig mit Fragen, die hinausliefen auf: »Wie ist es so, Jüdin in Deutschland zu sein?« Und was soll man da sagen? »Ganz in Ordnung, aber heute Morgen hatte ich etwas Schnupfen«? »Recht praktisch, denn alle meine Sachen sind auch hier«?

Das ist das Paradoxon der Sichtbarkeit. Ich will ja, dass es ganz normal ist, jüdisch zu sein. Ganz alltäglich. Das ist es kaum, wenn ich das immer vor mir hertrage. Wenn ich explizit »als Jüdin« irgendwohin eingeladen werde. Und über etwas, das ganz intim zu meiner Identität gehört, zentral rede. Das Herausstellen meines Judentums macht es wieder exotisch.

Oft werde ich gefragt: »Machst du nicht selbst dem Antisemitismus die Tür auf, wenn du immer von ›Juden‹ und ›Deutschen‹ sprichst? Sind wir nicht alle einfach nur Menschen? Wann können wir aufhören, unsere Unterschiede zu betonen?«

Ja, wann können wir? Jetzt jedenfalls noch nicht. Denn wenn ich und alle anderen Jüd:innen in Deutschland unser Judentum verschweigen, bleibt es in der Öffentlichkeit unsichtbar. Was aber unsichtbar ist, kann nicht normalisiert werden. Eine Selbstverständlichkeit entsteht durch Gerüchte und Rätselraten jedenfalls nicht. Nur durch offenen Dialog. Um einen offenen Dialog aus jüdischer Sicht zu führen, muss man sich also erst bekennen und sagen: Ja, eigentlich sollte es kein großes Ding sein, aber heute erzähle ich mal davon. Ich muss manchmal ein Merkmal herausstellen, absondern, um endlich darüber reden zu können. Um die vielen Wunden, die zwischen der nicht jüdischen und jüdischen Gesellschaft in Deutschland eben trotzdem noch irgendwie schwelen, verheilen lassen zu können. Das machen viele so. Uns vorzuwerfen, dass wir nicht »einfach normal sein können«, ist deshalb ein wenig zynisch. Wir wollen ja normal sein. Wir wollen uns dabei bloß nicht verstecken.

Das ist, wie ich mich beschreiben würde: eine gläubige, nicht religiöse Jüdin. Ich lerne immer noch jeden Tag, und auch meine Identität ist, wie die Identität jeder Person, wie ein Baum: verworren und stetig wachsend, mit schwachem, trübem Wurzelwerk, mit Ästen, die in viele Richtungen in den Himmel ragen. Wenn ich also sage: »Ich beantworte in diesem Buch Fragen rund um das Judentum«, tue ich das keineswegs aus einer Position von Autorität. Hölle, es vergeht kein Tag, an dem ich mich nicht eine Weile völlig falsch in der Rolle fühle, »die Juden« in Deutschland auf irgendwelchen Podien zu repräsentieren. Ich denke, eigentlich sollten diese Fragen beantwortet werden von jemandem, der aus einer traditionellen jüdischen Familie kommt, der im jüdischen Kindergarten war, in der jüdischen Schule. Und das müssen sie auch! Zusätzlich!

Aber meine Biographie ist nun mal nicht untypisch für Jüd:innen in Deutschland: 94 % von uns stammen aus der ehemaligen Sowjetunion. Die meisten aus eher assimilierten Familien. Fast alle mit Verwirrungen, Widersprüchen, Suchen, Verlusten. Ich bin eine Stimme aus vielen und kann hoffentlich beitragen zum Mosaik eures Wissens.

## ELIYAH
**Warum bin ich Jude?**

Ich schreibe diese Zeilen zu einem Zeitpunkt, da habe ich Marina noch kein einziges Mal getroffen. Wir haben gezoomt, Nachrichten ausgetauscht, gemeinsam an Onlinedokumenten gearbeitet, Videos zusammen aufgenommen und sogar ganz klassisch telefoniert. Aber in die Augen haben wir uns noch nie gesehen. Jetzt, da ihr diese Zeilen lest, hat sich das hoffentlich geändert.

Und dass wir uns online getroffen haben, ist auch ganz passend. Denn wir sind beide sogenannte »Digital Natives«. Ich hatte meinen ersten Internetzugang zu Hause in meiner Studentenwohnung in Berlin im Jahre 1996. Es piepste und fiepste fürchterlich zum Verbindungsaufbau mit dem Modem, und die Telefonleitung war so lange besetzt, wie ich online war. So lag es nicht nur an der Corona-Zeit 2020, dass sich eine Online-Zusammenarbeit für uns vertraut und normal anfühlte.

Wobei Zusammen»arbeit« doch ein wenig übertrieben ist. Wir haben ein paar schöne Youtube-Videos aufgenommen, so wie Millionen andere Menschen auf der ganzen Welt das auch tun. (Aber die Arbeit an diesem Buch war dann doch echte Arbeit.)

Als Digital Native war mir die Piratenpartei natürlich ein Begriff. Ich arbeitete viele Jahre bei einem kleinen Internetprovider in Hamburg, und einer meiner Kollegen war ein glühender Pirat. Und Marina war das Gesicht dieser Partei.

Seit dieser Zeit ist viel passiert. Sehr viel. Ich bin zum Judentum konvertiert, bin nach Israel eingewandert, habe geheiratet und mit meiner Frau Jenny drei Kinder in die Welt gesetzt. Sie wachsen ganz selbstverständlich als Jüd:innen in Israel auf. Als Teil der Mehrheitsgesellschaft. Und genau das war einer der Beweggründe, warum wir beschlossen hatten, Deutschland den Rücken zu kehren. Wir wollten nicht, dass unsere Kinder in Deutschland aufwachsen. Einem Deutschland, in dem die Juden nur eine lästige Erinnerung an die eigene Geschichte sind und im täglichen Leben nicht vorkommen. Daher ist es auch überhaupt nicht erstaunlich, dass Marina mit ihrem Tweet so viele Fragen eingesammelt hat. Kaum jemand kennt unser Leben, unsere Riten, unser Selbstverständnis. Ich traf mal im Zug von Bremen nach Hamburg einen jungen deutschen Muslim, und als sich am Hamburger Hauptbahnhof unsere Wege trennten, sagte er: »Du bist der erste Jude, den ich im Leben kennengelernt habe! Danke! War ich auch der erste Muslim für dich?« Das war er natürlich nicht, denn ich lebe heute in Israel, und Muslim:innen sind meine Mitmenschen hier. Aber für viele Deutsche, die einen Juden wie mich treffen, bin ich der einzige, den sie kennen. Zumindest von dem sie wissen, dass er Jude ist.

Wie ich schon schrieb, ich lebe heute mit meiner Frau und unseren Kindern in Israel in der Nähe von Tel Aviv. Mein Leben lief bis hierhin allerdings nicht sonderlich geradlinig. Ich wurde 1975 in der damaligen DDR geboren und bin 1977 mit meiner Mutter meinem berühmten Vater Wolf Biermann hinterhergezogen in den Westen. Wir lebten bis kurz nach meiner Einschulung in Hamburg, und dann zogen wir in ein winziges Kaff in Rheinland-Pfalz. 15 Kilometer weiter war die Grenze zu Frankreich, und dort ist meine Mutter gerne zum Einkaufen hingefahren. Und nach fünf Jahren Dorf zogen wir in diese Stadt der französischen Supermärkte direkt hinter der Grenze mit dem urfranzösischen Namen Weissenburg. Ich blieb zwar in der deutschen Schule, in der ich vorher schon war, aber ich war auch hier wieder der Zugereiste, der Ausländer, der andere, der mit der berühmten Familie und, da ich aus der DDR und einem atheistischen Elternhaus stammte, der Konfessionslose. Letzteres war geradezu undenkbar in meiner Grundschule. Dort wurden die Kinder in den Klassen nach der Einschulung in »EV« und »RK« unterteilt. Nur bei mir stand ein Strich bei »Konfession«. Meinem Stiefvater zuliebe entschied ich mich für den römisch-katholischen Religionsunterricht, obwohl ich in einem Dorf wohnte, das fast vollständig evangelisch war und in dessen Zentrum, keine 50 Meter von unserem Haus entfernt, eine ebensolche, mächtige Kirche stand (und da meine Erinnerung mich zu foppen pflegt, habe ich das auf Google Maps nachgemessen).

Meine Religionslehrerin in der dritten Klasse wusste um meine Konfessionslosigkeit und auch darum, dass ich aus einem jüdischen Haus stamme, und dachte wohl, es wäre ihre Pflicht, mich armen Judenbengel vor Hölle und katholischem Fegefeuer zu bewahren. Jedenfalls war sie immer sehr lieb zu mir, und an einem Morgen beging sie einen folgenschweren Fehler: Sie gab mir eine Eins. Auf meine Hausaufgabe. Man muss wissen, dass Hausaufgaben absolut nicht zu meinen Stärken zählten, und diese war besonders misslungen. Mein Banknachbar hatte sich, ganz im Gegensatz zu mir, viel Mühe damit gegeben und nur eine abfällige Drei dafür bekommen. Ich bin ob dieser himmelschreienden Ungerechtigkeit aufgestanden, bin zum Direktor gegangen und habe mich mit sofortiger Wirkung vom Religionsunterricht befreien lassen. Da ich bis zur Oberstufe der Einzige war, der konfessionslos war, gab es keine Alternative in Form von Ethikunterricht. Also stromerte ich in dieser Zeit allein durch das Schulgebäude und die Schulhöfe.

Außer den Lehrer:innen war keiner:m meiner Mitschüler:innen der jüdische Teil meiner Identität bewusst. Sie wussten wahrscheinlich nicht mal, was Juden waren, auch wenn es ein (immerhin selten) gebräuchliches Schimpfwort war. Doch dann kam der Holocaust im Lehrplan vor, und plötzlich war ich Jude. Mein Großvater väterlicherseits war Jude und hat Auschwitz nicht überlebt. Mein Großvater mütterlicherseits war Kommunist und wurde von den Nazis wegen Hochverrats zum Tode verurteilt, weil er Jüd:innen Ariernachweise gefälscht hatte. Viele Deutsche rühmen sich heute damit, dass ihre Vorfahren Jüd:innen versteckt hatten und ja zu den Guten gehörten. In Wahrheit waren das 0,2 % der Bevölkerung, die so gehandelt haben. Ich habe das von der Holocaust-Gedenkstätte Yad Vashem in Jerusalem als Urkunde im Wohnzimmer hängen: Gerechter unter den Völkern. Ein Titel, den etwa Oskar Schindler, bekannt aus »Schindlers Liste«, tragen durfte. Und wessen Großeltern diese Urkunde nicht vorweisen können, die haben wahrscheinlich bei der Schilderung ihrer Heldentaten zumindest ein wenig hinzugedichtet. Und auch in der Schule war ich mit meiner Geschichte allein. Sehr allein.

Ich selbst war nie etwas anderes als Jude und auch das nicht richtig. Es beruhte darauf, dass ich mit dem Andenken an meinen jüdischen Großvater Dagobert Biermann aufgewachsen bin. Auch die Geschichten meines Großvaters Robert Havemann, wie er Jüd:innen vor den Nazis rettete, waren Teil meiner Familiengeschichte. Und meinen Opa Robert traf ich sogar noch als kleiner Junge. Was ich nie war, war ein religiöser Jude. Das wollte ich auch nicht, denn Religion war »Opium fürs Volk« und alles nur Quatsch mit Soße.

Das bedeutete aber auch, dass für mich die Unterscheidung von Jude als Mitglied des jüdischen Volkes auf der einen Seite und als Anhänger:in der jüdischer Religion auf der anderen schon immer völlig selbstverständlich war. Mein jüdischer Großvater war Kommunist und Atheist und wurde ermordet, weil er Jude war. Nicht, weil er jüdischen Glaubens war. Diese Unterscheidung zu verstehen fällt vielen Menschen in Deutsch-

*Das Zertifikat »Gerechter unter den Völkern« für meinen Großvater Robert Havemann*

land schwer. Und daher war es auch nicht überraschend, dass viele Fragen der Twitteruser genau darauf abzielten.

Heute bin ich beides: Jude und jüdischen Glaubens. Dadurch, dass meine jüdische Abstammung nur väterlicherseits ist, das Judentum aber nur über die Mutter weitergegeben wird, habe ich meine gespaltene Identität mit einem Übertritt vereint und bin zu Hause in meinem Volk Israel angekommen. Und ich bin im Zuge dessen zu meiner eigenen Überraschung und auch ein wenig zu meinem Entsetzen religiös geworden. Dieser Übertritt dauerte drei lange Jahre, in denen ich von Rabbinern und Rebbetzin sowie von anderen Jüd:innen intensiv unterrichtet wurde. Das Gelernte wende ich seit nun mehr als zehn Jahren täglich an, lerne auch immer weiter, und daher freut es mich, davon in diesem Buch und in den Videos mit Marina etwas weitergeben zu können

# 1 Wer sind Juden?

Die Fragen, die sich am häufigsten wiederholten, hatten damit zu tun, was eigentlich Juden ausmacht, wer sie sind, wie man Jüd:in wird, ob man aufhören kann, Jüd:in zu sein. Die Frage nach Zugehörigkeit und Identität ist im Judentum eine zentrale, für viele schmerzhafte Frage. Es ist untrennbar eine Frage nach der Beziehung zu G'tt, zu der Torah, zu der Tradition, die wir von Generation zu Generation weitergeben. Es ist eine Frage von Familie, von Geburt, Abstammung und Heirat. Es ist eine Frage von Kultur: von Essen, Witzen, Liedern und geteilten Erlebnissen. Es ist am Ende auch eine Frage der Erfahrung von Verfolgung und Ausgrenzung, von fremd zugeschriebener Identität und dem Kampf um Akzeptanz. Es folgen hier also die Fragen, die sich darauf beziehen, wer wir eigentlich sind.

Wer mehr über dieses Thema wissen will, dem seien folgende Bücher empfohlen: *Das Wesen des Judentums* von Leo Beck, *Wer ist Jude?* von Arthur Herzberg oder *Einführung ins Judentum* von Jonathan Magonet.

## Was ist das Judentum eigentlich?

**MARINA**

Das Judentum bildet praktisch die Basis der heutigen großen monotheistischen Religionen und, daraus folgend, der westlichen Ethik. Das meiste von dem, was wir in Deutschland als richtig und falsch betrachten, leitet sich aus dem Judentum ab.

Während Jüd:innen extrem verschieden sind, ist das Judentum selbst gut definiert. Es leitet sich aus der Torah ab. Dieser Text, mitsamt seinen Interpretationen, ist eine Anleitung für die Menschen in zweierlei Hinsicht: darüber, wie wir mit unserem Schöpfer umzugehen haben, und, zentral, wie wir miteinander umzugehen haben. Die vielen komplizierten Regeln für Juden sind nicht etwa Schikane oder ein Werkzeug des Ausschlusses. Sie sind dafür da, uns täglich daran zu erinnern, das Richtige zu tun und es nicht über den Alltag zu vergessen.

Zentral ist das Bestreben, »gut« zu sein. Aber was bedeutet es, »gut« zu sein? Das ist die gesamte Lehre des Judentums. Was ich daran sympathisch finde: Die Schrift lehrt, nichts Böses zu tun, nichts Böses zu sehen. Also im Gegenüber erst mal nichts Schlechtes zu vermuten, bis er das Gegenteil bewiesen hat. Aber sie lehrt auch, wehrhaft zu sein, wenn das Böse einem begegnet. Sich selbst zu schützen, die Schwachen zu schützen und nicht einfach nur passiv gut zu sein wie ein Einsiedler auf einem Berg, sondern aktiv für eine gerechte Welt zu sein.

Das Judentum stellt keinen Anspruch darauf, die allein seligmachende Religion zu sein. Laut der Torah kommen alle Menschen in den Himmel. Darum missioniert das Judentum nicht. Die Torah ist vielmehr eine Anleitung an das Volk Israel, wie man ein gutes Beispiel setzt in der Welt. Dazu später mehr.

**ELIYAH**

Das Judentum gilt als die erste monotheistische Religion. Abraham, der Urvater aller nach ihm als »Abrahamitische Religionen« bezeichneten Glaubensrichtungen, hat den einen G'tt erkannt, der alles lenkt. Anders als die Naturgötter anderer Völker oder etwa die der griechischen Mythologie, wo verschiedene Götter miteinander ringen, oder die der alten Ägypter, die neben Naturgöttern einen Menschen, den Pharao, als obersten Gott anbeteten, erkannte Abraham einen einzigen, körperlosen, gerechten G'tt. (Ich schreibe das »o« aus, wenn es um fremde Götter geht, da es dann nicht den Namen des Ewigen darstellt. Dieses Buch darf gerne auch an »profanen« Orten gelesen werden, daher vermeide ich, den Namen G'ttes auszuschreiben). Er hatte viele Kinder, aber nur zwei seiner Söhne sind in die Geschichte der Religionen eingegangen: Yitzchak (auch Isaak genannt) und Ischmail (Ismael). Letzterer wurde der Urvater der Araber und taucht im Koran als der Sohn auf, den Abraham auf G'ttes Geheiß opfern sollte und es dann doch nicht tat. In der jüdischen Torah und damit auch in der christlichen Bibel kommt diese Rolle Yitzchak zu. Er selbst ist aber nicht der Urvater der Juden. Das ist nur einer seiner Söhne, sein Sohn Jakob. Er kämpfte mit einem Engel und überlebte den Kampf schwer verletzt und humpelte fortan, aber er bekam dafür den Namen »Israel« verliehen. Der Name bedeutet »Der mit G'tt stritt«. Er ist der einzige Vorvater des »Volkes Israel«, dessen Kinder alle Juden blieben. Sie sind die Begründer der Zwölf Stämme.

Und dieser Streit Israels ist seitdem Teil unserer Identität. Wir arbeiten uns seit Jahrtausenden an unserem Schöpfer ab, und in diesem Streit finden wir zu ihm (oder zu ihr, denn im hebräischen Original hat G'tt kein eindeutiges, grammatikalisches Geschlecht) und zu uns selbst.

## Ist das Judentum eine Religions- oder auch eine Abstammungsgemeinschaft?

**MARINA**

Wenn man mit einem christlichen Verständnis an Religion geht, scheint ein Mensch eine Abstammung zu haben und eine Religion. Beides ist voneinander unabhängig. Wie kann es dann sein, dass es »atheistische Jüd:innen« oder »agnostische

Jüd:innen« gibt? Was jetzt, atheistisch oder jüdisch? Es gibt ja auch keine »atheistischen Christen«!? Mir begegnet diese Frage immer wieder.

Aber Judentum ist eben nicht nur eine Religion. Es ist auch eine Volksgemeinschaft. Man wird als Jüd:in geboren, ob man gläubig ist oder nicht. Wessen Mutter Jüdin ist, der ist auch jüdisch. Im Russischen gibt es dafür sogar zwei getrennte Wörter: »Jevrei« für die Abstammung und »Iudei« für die Religion.

Für viele ist das Judentum in der Vorstellung eine Art Christentum ohne Jesus. Aber das ist nicht so. Auch die Bedeutung der Religion, der Gemeinschaft, ist unterschiedlich. Der Hauptunterschied für das Verständnis liegt darin, dass das Christentum eine missionierende Religion ist. Christen kamen zu verschiedenen Völkern und sagten: Ihr werdet jetzt Christen. Dann bekommt man zusätzlich zur Volkszugehörigkeit quasi unabhängig die Religion. Man ist dann zum Beispiel Germane und Christ. Das ist im Judentum nicht so. Hier gehört die Religion zum »Volk Israel« und wird als Aufgabe von einer Generation an die nächste vererbt. Ich habe früher auch gesagt: Man würde das bei vielen indigenen Völkern ja auch nicht trennen. »Das ist Volk soundso, und sie glauben an dasunddas.« Das würde niemand seltsam finden.

**ELIYAH**

Das ist eine Sichtweise, die schon ein wenig problematisch ist. An dem deutschen Volksbegriff, so wie das Wort »Volk« im deutschen Sprachraum genutzt wird, ist gefährlich, dass er immer irgendwie an eine imaginäre »Rasse« gebunden ist. Das bedeutet, Deutscher kannst du nur sein, wenn du weiß bist. Wenn du »biodeutsch« bist, wie man so sagt. Und wer das nicht ist, der hat große Probleme, jemals im deutschen Volk aufgenommen zu werden. Das wird dir jeder bestätigen können, der mit der »falschen« Hautfarbe in Deutschland aufgewachsen ist.

Man kann perfekt Deutsch sprechen, selbst mit lokalem Akzent, einen deutschen Pass oder deutsche Eltern haben, man wird niemals als wirklicher Deutscher anerkannt, weil die Zugehörigkeit zum Volk eben auch an der Hautfarbe festgemacht wird. Das jüdische Volk ist dagegen komplett anders. Wir haben als Volk überhaupt gar keine verbindenden Äußerlichkeiten wie die Hautfarbe. Diese typisch jüdischen Äußerlichkeiten wie die Hakennase wurden uns im Grunde von außen zugeschrieben. Insbesondere wenn man hier in Israel unterwegs ist, sieht man Jüd:innen in jeder Form, Größe und Farbe. Hier leben die äthiopischen Jüd:innen, die aschkenasischen, polnischen Jüd:innen, Jüd:innen aus den arabischen Ländern und viele mehr. Die sehen alle komplett verschieden aus. So eine völkische Volksbezeichnung passt dann einfach nicht. Das heißt, wenn man sagt, Juden sind auch ein Volk, dann meint man Volk mehr im Sinne von Familie. Man kann in eine Familie einheiraten, man kann zu einer Familie dazugehören, egal woher man kommt. In dieser jüdischen Familie ist es so, dass man Jüd:in ist, wenn man von einer jüdischen Mutter geboren ist, weil man immer genau weiß, wer die Mutter ist, beim Vater weiß man das nicht immer. Außerdem kann man ins Judentum konvertieren, so wie ich. Dass das geht, wird oft vor allem in den sozialen Medien angezweifelt, aber ich bin der lebende Beweis. Allerdings ist es tatsächlich nicht so einfach und dauert im Schnitt um die drei Jahre. Aber wenn man das geschafft hat, gehört man voll und ganz dazu.

Leute haben mit dem Volksbegriff für Juden ihre Schwierigkeiten, da sie das Judentum als Religion begreifen. Wenn man also sagt: Ich bin Jüd:in, aber ich bin Atheist:in, dann klingt das für viele wie ein Widerspruch. Für uns ist das völlig normal. Man kann sogar Jüd:in sein und Christ:in. Diese Jüd:innen nennen sich »J4J«, also »Jews for Jesus«. Aber die Religion muss nicht mal abrahamitisch sein, man kann auch Buddhist:in sein und trotzdem Jüd:in, denn diese Volkszugehörigkeit ist etwas, was zwar nicht unabhängig von der Religion ist, aber eben auch ohne die Religion weiter bestehen kann. Zusammengefasst: das Judentum ist eine Religionsgemeinschaft, eine Volksgemeinschaft und eine Schicksalsgemeinschaft.

## Was bedeutet das: Schicksalsgemeinschaft?

**ELIYAH**

Religiös gesehen sind wir eine Schicksalsgemeinschaft, weil wir von G'tt, also von HaSchem, den Auftrag bekommen haben, die Torah durch die Generationen zu tragen. Das ist unsere gemeinsame Aufgabe, unser Schicksal. Und im gewissen Sinne tun wir beide das auch mit diesem Buch. Schicksalsgemeinschaft bedeutet, dass man – unabhängig davon, was jeder Einzelne denkt und fühlt – doch irgendwie einen Zusammenhalt hat, der von außen bestimmt wird. Denn Schicksal ist etwas, das von außen wirkt und nicht von innen. Und das verbindet uns auch mit den äthiopischen Juden. Bei ihnen ist es schwierig zu verstehen, weil sie zwischen dem Bau des Ersten und des Zweiten Tempels, also vor über 2500 Jahren von dem Rest der Juden getrennt wurden und eine andere Tradition, andere Sprache und andere, sehr afrikanisch geprägte Kultur entwickelt haben. Und trotzdem gehören sie zur Schicksalsgemeinschaft. Und das ist etwas, was für mich, der ich mit äthiopischen Jüd:innen hier in Israel zusammenlebe und arbeite, nicht in Frage steht. Aber für Außenstehende ist das teilweise doch irritierend.

**MARINA**

Der andere Teil der Schicksalsgemeinschaft ist völlig unabhängig von der Religion und betrifft das gemeinsame Schicksal der

Diaspora, der Verfolgung, nicht zuletzt auch der Shoa. Unabhängig davon, ob wir uns mit der Religion identifizieren – oder überhaupt mit dem Judentum – können wir doch nicht der Tatsache entkommen, dass in den meisten unserer Familienbiographien diese Themen eine wichtige Bedeutung hatten und teilweise traumatische Einschnitte bedeuteten.

**ELIYAH**

Ja, und das trifft auch auf die Jüd:innen aus Nordafrika und der arabischen Halbinsel und Persien zu, sogar auf die äthiopischen Jüd:innen, die von der Shoa größtenteils verschont wurden. Alle waren über Jahrhunderte mal mehr, mal weniger Verfolgung ausgesetzt und gesellschaftlich diskriminiert in ihren Heimatländern, weil sie Juden waren.

## Wie wird man Jude? Muss man etwa ein Versprechen ablegen, sich an die jüdischen Werte zu halten?

**ELIYAH**

Beim »Jude Werden« steht die Religion doch wiederum im Vordergrund. Wir haben zwar eben erklärt, dass man Jüd:in sein kann, ohne religiös zu sein oder überhaupt ohne an einen jüdischen Gott zu glauben. Wenn man aber Jüd:in werden will, ist der Glaube auf jeden Fall eine Grundvoraussetzung. Wer nicht an den jüdischen Gott glaubt, braucht es gar nicht erst probieren, außer man ist ein:e guter Schauspieler:in. Im Grunde genommen ist das Prozedere, das man »Giur« nennt, so: Man geht zum örtlichen Rabbiner und sagt: »Ich möchte gerne Jude werden.« Der Rabbiner wird sagen: »Tut mir leid, wir nehmen keine neuen Mitglieder heute auf.« Dann geht man wieder hin und kriegt wieder diesen oder einen ähnlichen Spruch zu hören. Und beim dritten Mal sagt er dann: »Okay, gib mir doch mal schriftlich, warum du das gerne möchtest.« Und dann wirst du üblicherweise, nachdem du mindestens dreimal abgelehnt worden bist, aufgenommen in eine Art Giur-Kurs. Das heißt, man erlernt die Feiertage, die Philosophie, die Ethik, die Theologie, die Gesetze. Die Gemeinde versucht, eine Partnerfamilie zu finden, in der du die ganzen Feiertage miterleben, mitfeiern kannst, und nach etwa drei Jahren, wenn du jeden Feiertag mindestens zweimal erlebt hast, kannst du dich noch mal entscheiden, ob du das wirklich willst. Jetzt ist es eine Entscheidung, die auf Wissen beruht, und es gibt auch Leute, die diese Prozedur durchmachen und dann sagen: »Hey, war schön, aber, nein danke.« Und das ist völlig in Ordnung. Man sitzt mehrfach während des Giurs vor einem jüdischen Gericht, einem Beth Din und kriegt Fragen gestellt zum jüdischen Leben. Die Rabbiner fragen auch Wissensfragen zur Religion, aber hauptsächlich Fragen wie: »Wo kaufst du deinen Käse?« »Wie lange läufst du von deiner Wohnung in die Synagoge?« Denn wenn du diese Fragen beantworten kannst, wissen sie, dass du ein jüdisches Leben lebst. Dann wissen sie, dass du herausgefunden hast, wo der koschere Käselieferant in deiner Stadt ist und dass du am Schabbat, wenn man nicht Auto fahren darf, regelmäßig zu Fuß in die Synagoge gehst. (In Israel würden sie das nicht fragen, da man dort in jeden Supermarkt koscheren Käse bekommt.) Wenn sie dann merken, dass du tatsächlich das jüdische Leben schon lebst, dann sagen sie: »Alles klar, du gehörst dazu. Machen wir einen Termin für die Mikwe.« Und wenn du ein Mann bist, müssen sie dir noch ein bisschen was von deinem Penis abschneiden.

**Ich habe gehört, dass Juden aus der Sowjetunion häufig Probleme haben, ihr Judentum zu beweisen. Ist das in Deutschland auch ein Problem?**

**MARINA**

Es ist ein sehr häufiges Problem, und ich habe es persönlich. So konnte ich der Münsteraner Gemeinde bei meinem Eintritt keine Dokumente über meine Mutter vorlegen. Ich gelte also nur als »patrilinear« oder »Vaterjüdin«. Was halachisch betrachtet, wie oben beschrieben, natürlich nicht reicht. Das kann dann zum Problem werden, wenn ich jüdisch heiraten will (es ist nicht zum Problem geworden, weil ich einen Nichtjuden geheiratet habe). Wenn meine Tochter jüdisch heiraten will, muss sie einen Giur machen, also offiziell ins Judentum aufgenommen werden. Ob sie das später machen will, überlasse ich ganz ihr.

Es gibt für mich die Möglichkeit, volles Gemeindemitglied zu werden, wenn ich Giur mache. Dann könnte ich auch offiziell jüdisch heiraten, jüdisch beerdigt werden und so weiter. Bisher war ich noch nicht reif für diesen Schritt. Es fühlte sich für mich so an wie ein »Konvertieren in die eigene Identität«, und das tut auf eine Weise weh. Es macht aus mir selbst gefühlt eine Fremde.

In liberalen Gemeinden, wie der in Kiew, ist das anders. Da zähle ich als vollwertige Jüdin. Das ist auch der Grund, warum viele Ex-Sowjetjüd:innen sich von den liberalen Gemeinden angezogen fühlen.

Im Krieg sind viele Dokumente verloren gegangen oder wurden vernichtet, teilweise natürlich mit Absicht, um zu überleben. Darum ist Jüdischkeit oft schwer zu belegen. Oft werden hier Fotografien zu Hilfe gezogen.

Auch lange nach dem Krieg war es normal, alles zu tun, um diesen Punkt »Jude« möglichst nicht im Pass stehen zu haben.

Denn Antisemitismus war in den russischsprachigen Ländern sehr real und allgegenwärtig. In der Sowjetunion stand in der Geburtsurkunde und im Ausweis »Nationalität: Jude«, auch wenn nur der Vater Jude war. Damit erbt man den jüdischen Nachnamen, den Status, die Diskriminierung. Halachisch sind diese Menschen aber keine Jüd:innen und sitzen sozusagen zwischen den Stühlen. Sie haben weder ein diskriminierungsfreies Leben noch den Schutz der Gemeinschaft.

Ich habe meine Mutter gefragt, wie sie zu der Sache mit den Dokumenten steht, sie antwortete (sehr typisch) mit einem Witz, der in den 1970ern erzählt wurde:

Zwei Typen verprügeln Chaimovitsch. Der ruft: »Hey! Ich bin Russe! Ich kann euch meinen Pass zeigen, da steht das drin!« Die Typen antworten: »Wir hauen in die Fresse, nicht in den Pass.«

**ELIYAH**

Es ist tatsächlich ein großes Problem, als Jüd:in aus der ehemaligen Sowjetunion die eigene Jüdischkeit zu beweisen. Es unterstreicht ein weiteres Mal, dass Jude zu sein kein einfaches Glaubensbekenntnis ist, sondern eine Volkszugehörigkeit. Meine Frau und ich haben in Deutschland geheiratet. Der Rabbiner kannte uns beide schon einige Jahre und hat mich bei meinem Übertritt begleitet. Bei meiner Frau wusste er aus den Unterlagen der Gemeinde in Hamburg auch sicher, dass sie Jüdin ist. Da sie genau wie du, Marina, als Kontingentflüchtling aus der Ukraine nach Deutschland kam, musste sie damals diesen Beweis führen und hat das auch getan. Es war also alles in Ordnung. Als wir allerdings unsere Chuppah, so nennt man die jüdische Hochzeit, in Israel beim Rabbinat eintragen lassen wollten, wurden wir wieder nach Papieren gefragt. Die einfache Geburtsurkunde mit »Jude« wird nicht akzeptiert. Aus zwei Gründen: Erstens, wie du bereits beschrieben hast, weil »Jude« als Nationalität nach dem Vater eingetragen wurde. Und zweitens, weil es diese Geburtsurkunden nach dem Zusammenbruch der UdSSR auf dem Schwarzmarkt für wenig Geld gab und viele sich »Jude« in Fälschungen haben eintragen lassen, um nach Israel oder nach Deutschland auswandern zu können. Für Fälschungen wurden fast ausschließlich die späteren Formulare genutzt, die nach dem Zusammenbruch übrig waren und gestohlen wurden, so dass man mit älteren Urkunden mehr beweisen kann. Sie standen nicht unter dem Generalverdacht der Fälschung. Aber wenn diese Papiere weg sind, wird es sehr schwer.

Die vom Rabbinat verlangten Papiere konnten wir nicht so einfach auftreiben. Wir sind kurz darauf in die Ukraine geflogen, um mit der Familie meiner Frau Pessach zu feiern, und trafen dort den Stadtrabbiner von Dnepropetrowsk, einen Freund ihrer Familie. Ich erzählte ihm von unserem Problem, und er sagte nur: »Consider the problem solved!« Er schrieb ein Fax an das Rabbinat in Israel mit dem Satz: Ich bestätige hiermit, dass Jenny Gelbstein (der Mädchenname meiner Frau) ohne Zweifel jüdisch ist. Da er der Gesandte des Rabbinats für die Ukraine ist, hat das gereicht.

Während des Besuchs dort waren wir auch bei dem Rabbiner und seiner Familie zu Hause zum Essen eingeladen, zusammen mit vielen anderen. Das Gesprächsthema des Abends war: Was machen mit Vaterjüd:innen? In der Sowjetunion wurden sie als Jüd:innen diskriminiert, sind mit dem Bewusstsein aufgewachsen, Jüd:innen zu sein, und waren auch nicht mehr oder weniger jüdisch als die »richtigen« Jüd:innen, denn eine religiös geprägte Tradition hatten sie beide nicht. Und jetzt werden sie von den Jüd:innen wieder aussortiert und ausgegrenzt. Als Nichtjuden. Die einhellige Meinung war: Man sollte ihnen ein Angebot machen zu konvertieren. Es sollte den Anwärter:innen leichter gemacht werden als üblicherweise, also ohne die übliche Ablehnung am Anfang, ganz im Gegenteil! Und wer das Angebot ablehnt, hat damit auch eine Entscheidung für sich getroffen und nicht eine von außen hinnehmen müssen.

**Eliyah, ich hab gesehen, dass du einen anderen Vornamen angenommen hast. Braucht man als Jüd:in einen typisch jüdischen Namen? Und wie sehen Jüd:innen das, wenn Christ:innen oder Atheist:innen ihren Kindern solche Namen geben?**

**ELIYAH**

Ja, man nimmt einen jüdischen Namen an, wenn man konvertiert. Selbst dann, wenn man bereits einen hat. In diesem Fall ist es bei vielen üblich, ihn wenn möglich ein wenig zu hebräisieren. Aus Jakob wird dann Jaakov, und aus Isaak wird Yitzchak. David wird Dovid, Benjamin zu Binjamin, Jonas zu Jonah und Samuel zu Schmuel. Mein ursprünglicher Name ist Felix. Er stammt aus dem Lateinischen und bedeutet »der Glückliche«, so habe ich nach Namen für mich gesucht, die eine ähnliche Bedeutung haben. Oscher etwa oder Mazal. Letzterer ist eher ein Frauenname, aber in Israel sieht man das nicht so eng. Allerdings gefiel mir von beiden der Klang nicht. Und in meiner Verzweiflung wandte ich mich an meine Mutter. Sie hat mir den Namen Felix gegeben, und ich finde, sie hat damit ein sehr gutes Händchen für die Namenswahl bewiesen. Also dachte ich: Das schafft sie noch mal. Nur leider ist sie keine Spezialistin für hebräische Namen, also nahm ich mir vor, ihr eine Liste mit Namen zu geben, die in Frage kommen könnten, und sie sollte dann einen auswählen. Diese Liste habe ich nie fertiggestellt, und Eliyah hätte bestimmt nicht darauf gestanden. Meine Mutter kam ein paar Wochen später zu mir und sagte: Mir gefällt Eliyah. Und so wurde das mein Name. Ihr war nicht bewusst, dass dies ein sehr religiöser Name ist, denn er ist die Kurzform von Eliyahu, dem Propheten, und heißt übersetzt »Mein G'tt ist der Ewige«. Sie konnte mir auch sonst keinen Grund nennen, warum sie genau diesen Namen wählte. Ich denke, es liegt an der Buchstabenkette E, L und I. Sie kommt in F-ELI-x vor und in ELI-yah. Und außerdem noch im Vornamen meiner Schwester, den auch sie ausgesucht hat.

Als Mann bekommt man den neuen Namen während der Beschneidung in einer kleinen Zeremonie. Als Frau erst im Bad in der Mikwe, dem Ritualbad. So konnte ich mich bereits vor meiner abgeschlossenen Konvertierung Eliyah nennen. Heute benutze ich Eliyah als meinen Hauptnamen, und Felix ist der Name für meine Familie und Freunde aus der »alten« Zeit. Ich erwarte von niemandem, dass man mich bei meinem neuen Namen nennt, denn ich empfinde mein jüdisches Ich nicht als meine neue Identität, sondern als eine erweiterte. Ich werde immer auch Felix bleiben. Andere Konvertiten halten das aber anders und verbitten es sich, beim alten Namen genannt zu werden.

In Amerika ist es weit verbreitete Tradition unter Juden, einen jüdischen und einen amerikanischen Namen zu tragen. Die jüdischen sind teils sehr traditionell, wie etwa Mosche oder Abraham, und der amerikanische ist dann gerne phonetisch angelehnt, in diesen Beispielen etwa Matt oder Arthur. Deswegen tragen amerikanische Neueinwanderer in Israel oft sehr traditionelle, biblische Namen.

**MARINA**

Ich finde es schön, wenn Nichtjüd:innen ihren Kindern jüdische Namen geben. Immerhin sind das alttestamentarische Namen, und darauf berufen sich alle monotheistischen Religionen. Außerdem gehören diese Namen niemandem.

**Macht es einen Unterschied, ob man als Jüd:in geboren wird oder ob man konvertiert ist? Wird man von anderen Jüd:innen als Jude 1. Klasse oder 2. Klasse behandelt?**

ELIYAH

Die kurze Antwort ist: Nein. Die etwas längere ist: Es kommt darauf an. Und zwar auf die Motivation des oder der Konvertit:in und auf den oder die Jüd:in, die da urteilt. Es gibt viele Menschen, die aus Liebe zu ihrem:r Partner:in konvertieren. Vor allem bei Frauen passiert das häufig, da sich die Schwiegereltern in spe jüdische Enkel:innen wünschen. Und die Wünsche einer jüdischen Schwiegermutter sind Gesetz. Noch vor den Gesetzen von Mose. Da das Judentum nun mal durch die Mutter weitergegeben wird, ist der Druck zu konvertieren bei Frauen deutlich höher. Männliche Partner zeugen auch unbeschnitten jüdische Enkel:innen. Konvertitinnen, die mit der Religion wenig am Hut haben, werden gerne belächelt. Dabei erbringen sie ein Opfer für die Liebe, das viele von denen, die lächeln, niemals erbringen würden. Und auch unter den Rabbinern gibt es verschiedene Meinungen, wie man mit solchen Anwärterinnen umgehen soll. Manche sagen, man soll es ihnen besonders schwer machen, um zu prüfen, ob sie das tatsächlich wollen, viele aber sagen, dass man es ihnen leicht machen soll, damit die Kinder eine Chance haben, Juden zu sein, und nicht zwischen den Identitäten herumirren.

Ich selbst lebe in Israel komplett akzeptiert als Jude. Ich fühle in keiner Situation, dass ich »nur« ein Konvertit wäre. Einzig von nicht religiösen Jüd:innen, die politisch oder sonst irgendwie nicht mit mir einer Meinung sind, bekomme ich ab und zu den Vorwurf zu hören, ich wäre ein Emporkömmling und gar kein echter Jude.

Bei religiösen passiert das nie. Sie wissen um die Wichtigkeit des Giurs, des Übertritts. Immerhin kommt das Wort »Ger«, also »Konvertit« öfter in der Torah vor als »Schabbat«.

**MARINA**

Meine Erfahrung ist, dass Konvertit:innen jüdischer sind als viele Jüd:innen. Erstens leben sie den Glauben aus tiefer Überzeugung. Zweitens haben sie alles explizit gelernt, womit andere mal mehr, mal weniger intensiv aufgewachsen sind. Konvertieren ist viel seelische Arbeit. Man merkt Menschen an, wenn sie seelische Arbeit geleistet haben. Sie achten mehr auf ihre Taten und Worte. Das flößt mir Respekt ein. Ich kann aber nicht leugnen, dass ich in einigen Gemeinden selten auch mal ein abfälliges »Konvertit« über andere Menschen gehört habe. Ich mag diese Abfälligkeit überhaupt nicht. Die Tradition der Torah wird über Menschen getragen, die dafür brennen. Nicht über Menschen, die andere verurteilen für ihre Abstammung.

### Gibt es für Jüd:innen eigentlich eine Möglichkeit, das Judentum »abzulegen« und dann irgendwann als nicht jüdisch zu gelten?

**MARINA**

Man kann als Jüd:in atheistisch werden. Man kann sich auch taufen lassen. Das haben viele Leute getan. Was man nicht ablegen kann, ist die Abstammung und die Schicksalsgemeinschaft. Es gibt weiterhin Antisemitismus und Verfolgung. Wenn zu mir persönlich jemand sagt: »Ich bin nicht Jude, ich sehe mich nicht als Jude, und ich möchte nicht so genannt werden«, würde ich das respektieren.

**ELIYAH**

Ja, im Grunde genommen hast du recht. Aber wenn so jemand zu mir kommen und sagen würde: »Ich bin kein Jude, und ich will auch nicht so genannt werden«, und ich brauche dringend einen zehnten Mann für ein Gebet, dann würde ich ihn trotzdem hereinbitten. Denn man braucht zehn jüdische Männer, um etwa beim Morgengebet an einem Montag als Teil des G'ttesdienstes aus der Torah lesen zu können.

## Was ist für dich persönlich das Beste / Schönste am Judentum?

**MARINA**

Gesellschaftlich ist es die Verbindung zu vielen anderen Menschen weltweit, die auf eine Weise einen besonderen Erfahrungsraum teilen.

Religiös ist es der Weg, auf den gläubige Menschen sich begeben: zum Heiligen hin. Von der Wiege an entwickeln wir uns von egozentrischen Wesen, die nehmen, die verlangen, die auf sich bedacht sind, zu liebenden Wesen, die geben, ohne etwas zu erwarten, die Gutes in der Welt säen. Niemand von uns ist perfekt darin. Doch dieses Streben ist, was für mich das Judentum im Kern ausmacht. Dass wir eine Anleitung bekommen haben, wie wir als Menschheit überleben können und das Gute in der Welt mehren, die wir von Generation zu Generation tradieren. Die Liebe einer Mutter zu ihrem Kind gilt im Judentum deshalb als heilig, weil sie der g'ttlichen Liebe am nächsten kommt. Sie gibt, ohne zu erwarten. Sie freut sich aufrichtig für die Erfolge des kleinen Wesens. Sie sieht das Gute in ihm. Ich versuche zu lernen, die Welt genauso zu betrachten.

**ELIYAH**

Für mich ist der Weg ins Judentum ein Weg nach Hause gewesen. Und ich fühle mich jetzt zu Hause, angekommen. Etwas besonders Schönes daran ist, dass man auf einmal auf der ganzen Welt Familie hat. Ich war zum Beispiel mal beruflich in San Francisco. Mein Flieger flog die Nacht durch von Tel Aviv direkt nach San Francisco und landete als eines der ersten Flugzeuge überhaupt am Flughafen. So früh, dass wir noch eine ganze Stunde in der Kabine sitzen bleiben mussten, da das Personal am Boden noch nicht zur Arbeit erschienen war. Ich war also schon um sieben Uhr morgens fertig mit Passkontrolle, Gepäck und Mietwagen abholen. Mein Hotelzimmer war aber erst ab drei Uhr nachmittags für mich bereit. Immerhin ließen sie mich den Wagen im Hotel parken, und ich machte mich zu Fuß auf den Weg. Aber nicht ins nächste Starbucks, um dort die verbleibenden gut sieben Stunden an Kaffee nuckelnd totzuschlagen, sondern zum Chabad-Center in der 6th Street. Die Gegend ist geprägt von Menschen, die auf der Straße leben und schwer drogenabhängig sind. Man muss aufpassen, dass man nicht in gebrauchte Spritzen tritt. Und mittendrin ist ein koscheres Café und Chabad. Ich klopfte an die Tür, der Rabbiner machte auf und sagte: »You look jewish! Come on in!« Ich bat darum, mein Morgengebet sprechen zu können, und fragte nach einem Stuhl und Tisch, Steckdose und WiFi. Er gab mir außerdem noch etwas zu essen und zu trinken und ein paar Tipps für San Francisco. Ein wenig später sagte er: »Ich muss kurz weg, kannst du bitte den Lieferanten reinlassen, der das Fleisch für Schabbat bringt, und dann die Ware in den Keller in den Kühlschrank legen? Hier ist der Schlüssel.« Ich hatte diesen Menschen vor zwei Stunden zum ersten Mal in meinem Leben gesehen, und schon übertrug er mir die Verantwortung für sein Chabad-Center in einer der schlimmsten Gegenden der Stadt. Später habe ich meine Tasche mit meinem Laptop und Betzeug bei ihm stehen gelassen und habe die Gegend erkundet. Entspannt und gepäckfrei.

Mein letztes Arbeitsmeeting hatte ich am Donnerstagnachmittag. Der Zeitunterschied zu Israel beträgt zehn Stunden, der Flug dauert 14. Zusammen sind das 24 Stunden, ein ganzer Tag. Ich wäre also niemals rechtzeitig vor Schabbat in Israel zurück gewesen. Also blieb ich das Wochenende in San Francisco. Den Schabbat verbrachte ich bei Chabad, mit vollständigem Essen abends und morgens gegen eine freiwillige Spende (vor Schabbat), an dem ich als zwischenzeitlicher Chef der Warenannahme nicht ganz unbeteiligt war. Außer mir waren noch mehr Menschen dort, die wie ich in San Francisco gestrandet sind, weil sie auch religiös sind und am Schabbat nicht reisen. Mit einem von ihnen spazierte ich den halben Tag durch die Stadt, und wir hatten spannende Gespräche und viel Zeit, diese wunderschöne Stadt zu sehen und uns zu erlaufen.

Diese Geschichte erzählen viele Jüd:innen, die auf Reisen sind, in ihrer je eigenen Version, und ich bin nicht nur in San Francisco zu Hause, sondern auch in vielen anderen Teilen der Welt. Überall dort, wo eine Synagoge steht.

## Worin besteht (kulturell und religiös) der Unterschied zwischen Sephardim, Ashkenazim, Mizrachim? Ist die Unterscheidung auch heute noch sinnvoll?

**ELIYAH**

O ja, die ist sehr sinnvoll! Das Judentum lebt davon, dass wir mit verschiedenen Traditionen aufwachsen. Sie sind für uns fast genauso wichtig wie religiöse Gesetze. Jede Strömung im Judentum hat seine eigenen Traditionen, die sich teilweise sogar widersprechen. Zum Beispiel: Wir Aschkenasen dürfen an Pessach auf keinen Fall Reis essen! Es wäre schrecklich, wenn auch nur ein Reiskorn bei uns an Pessach im Essen wäre. Bei Sepharden wiederum ist Reis kein Problem. Die verschiedenen chassidischen Strömungen erkennt man an Kleidung und Kopfbedeckung, wie etwa der Schtreimel aus Fuchsfell oder die Art der Perücke bei Frauen. Äußerlich gibt es also sehr sichtbare Unterschiede. Und wenn wir die äthiopischen Juden noch hinzunehmen, kommt noch eine komplett andere Tradition dazu. Bei ihnen heißen sogar die Rabbiner anders. Sie sind »Kais«, und die Liturgie wird teilweise in der Sprache »Ge'ez« gebetet. Auch die Feiertage heißen ein kleines bisschen anders, manche fehlen, wie etwa Chanukka, das erst nach dem Zweiten Tempel etabliert wurde, und sie haben auch eigene Feiertage, die die übrigen Juden nicht kennen. Aber trotzdem sind alle diese verschiedenen Strömungen kompatibel miteinander. Sie haben alle einen gemeinsamen Nenner, auf den sie sich einigen können. Diese Vielfalt ist es, was gelebtes Judentum so schön macht. Eine sephardische Synagoge ist bei mir um die Ecke, und ich gehe manchmal auch gerne dort beten. Sie haben andere Gesänge, eine etwas andre Liturgie, und ein bisschen Abwechslung ab und zu ist ja nicht schlecht.

**Wie unterscheidet man die vielen Gruppierungen der Juden denn? Ist das lokal bedingt, wozu man gehört? Oder gibt es (außerhalb von Israel) auch parallele Gruppierungen an einem Ort? Ist das vergleichbar mit Konfessionen bei Christen? Und kann man das wechseln oder wird man da reingeboren / -konvertiert?**

**ELIYAH**

Die verschiedenen orthodoxen Strömungen haben oft einen geographischen Ursprung. Das Wort »Sefarden« kommt von dem hebräischen Wort »Sefard«, das »Spanien« heißt. Und bevor Deutschland »Germania« genannt wurde, hieß es »Medinat (Staat) Aschkenas«. Diese beiden Hauptströmungen haben ihren Ursprung in Mittel- und Südeuropa. Die Chassidischen Gruppen stammen meist aus einem Schtetele oder einer Stadt in Osteuropa, wo ihr erster Rabbiner gewirkt hatte.

Heute sind die verschiedenen Gruppen versprengt auf der ganzen Welt. Es gibt noch geographische Häufungen: Die Satmar Chassiden etwa, die hauptsächlich in New York in Amerika leben. Aber auch sie stammen ursprünglich aus Osteuropa. Die Stadt ihres Rabbis lag damals in Ungarn und heute in Rumänien und heißt Satu Mare.

Welcher Gruppe man angehört, kann man sich nur als Konvertit:in oder als Kind nicht religiöser Eltern wirklich aussuchen. Ansonsten übernimmt man die Tradition des Vaters. Zu einem jüdischen Kind steuert also die Mutter die Zugehörigkeit zum Volk und der Vater die zur Tradition bei. Bei »gemischten« Ehen übernimmt die Frau die Tradition des Ehemannes.

Es gibt aber durchaus Jüd:innen, die ihre Tradition wechseln. Manche chassidische Gruppen betreiben innerjüdische Mission. Allerdings geht das meist auch einher mit einer stärkeren Hinwendung zur Religion und einer religiösen Entfernung vom Elternhaus.

## Stimmt es, dass Juden ihre Abstammungslinie bis zu den Anfängen der zwölf Stämme kennen?

**MARINA**

Ich kann meine Abstammung bis zu meinen Großeltern zurückverfolgen. Also nein, das stimmt nicht.

**ELIYAH**

Von den ursprünglich zwölf Stämmen kann immerhin ein Stamm seine Abstammung (angeblich) nachverfolgen: Das sind die Leviim und Kohanim. Leviim und Kohanim behaupten bis heute, dass sie ihre männliche Abstammungslinie bis zu Aaron, dem Bruder von Moses, zurückverfolgen können. Alle anderen können das nicht.

Für mich als Konvertit hat diese Frage noch eine ganz eigene Brisanz. Ich gehöre zu keinem Stamm, da Konvertit:innen die Abstammungslinie fehlt. Als Konvertit:in stammt man immer direkt von Abraham und Sarah ab, was sich auch im hebräischen Namen widerspiegelt. Ich heiße daher »Eliyah Ben Avraham«, auch wenn mein wirklicher Vater Wolf heißt und ich über ihn und seinen Vater durchaus eine jüdische Abstammungslinie habe.

Die Stämme entstanden aber aus den Söhnen Jakobs, dem Enkel von Abraham, daher ist ein:e Konvertit:in immer komplett außerhalb der Stämme Teil des Volkes Israel. Und so gesehen ist es mein Vorteil, dass die Stämme vergessen wurden. So kann ich gleichberechtigt Jude sein, wenn auch niemals Kohen oder Levi.

## Welche Sprachen sprechen Juden?

**MARINA**

Wir beide sprechen miteinander Deutsch. Und ich habe mir sagen lassen, manche Jüd:innen sprechen auch Französisch, manche Jüd:innen haben Klingonisch gelernt. Ich glaube, die relevante Kategorie hier ist: Gibt es dezidiert jüdische Sprachen? Da gibt es das Althebräisch, das immer noch sehr relevant für die Religion ist, weil wir die Torah in Althebräisch lesen und in Althebräisch beten. In Israel wird Ivrit gesprochen oder Neuhebräisch. Althebräisch und das moderne Ivrit sind sehr nah beieinander. Ein israelisches Schulkind, das perfekt lesen und schreiben kann auf Hebräisch, kann die Torah im Urtext lesen. Dann gibt es noch Jiddisch. Meine Großeltern haben sich noch auf Jiddisch gestritten, damit wir sie nicht verstehen. Die größten Jiddisch-Sprachgemeinschaften leben heute in Israel und New York. Das ist eine Sprache, die dem Deutschen sehr ähnlich ist. Sie wird aber mit hebräischen Schriftzeichen geschrieben. Dann gibt es noch Ladino. Das ist das Spanisch der spanischen Juden.

## Sind Juden weiß?

**MARINA**

Das ist eine der kompliziertesten Fragen, die ich kenne, weil das auch im Judentum heiß umstritten ist. Erstens: Offensichtlich sind nicht alle Jüd:innen weiß. Es gibt dunkelhäutige Jüd:innen, es gibt Schwarze Jüd:innen. Was ist aber mit den hellhäutigen Jüd:innen, die so aussehen wie ich? Es gibt einen ganzen Streit darum, weil die Kategorie »Weiß« und »Nichtweiß« ja eigentlich außerhalb des Rassismus keinerlei Sinn ergibt. Das heißt, die relevante Kategorie ist: Bin ich weiß für Rassisten? Sprich, würden sie mich in Ruhe lassen, wenn sie an die Macht kommen? Und die Antwort darauf ist: Nein. Würden sie nicht. Ich zähle für Nazis nicht als weiß. Gleichzeitig kann ich auch nicht sagen: »Ich bin nicht weiß.« Ich bin keine PoC, weil ich natürlich keinerlei Alltagsrassismus erlebe. Ich kann verstecken, dass ich eine Jüdin bin, niemand würde mich belangen. Insofern sagen Jüd:innen häufig, sie seien »White Passing«. Oder sie werden »weiß gelesen«.

**ELIYAH**

Die Diskriminierungserfahrung einer PoC unterscheidet sich dadurch durchaus von der von weiß gelesenen Jüd:innen. Wenn ich in Deutschland unterwegs bin, dann verstecke ich meine Kippa unter einem Hut oder einer Mütze, und meine jüdische Identität wird unsichtbar. Ich kann wie mit einer Tarnkappe durch die Stadt gehen und werde nicht angefeindet oder auch nur komisch angesehen oder angesprochen. Die Hautfarbe kann man aber nicht verstecken, und so wird jeder Lauf durch die »falsche« Gegend ein Spießrutenlauf. Wenn ich aber sichtbar als Jude mit Kippa und Schaufäden durch die Straßen einer deutschen Großstadt laufe, kann ich auf Reaktionen der Umgebung vertrauen. Und die sind selten positiv.

Unsere nächste Reise als Familie nach Deutschland steht an, und leider hat mein ältester Sohn für sich beschlossen, dass er Schläfenlocken tragen will. Sie sind inzwischen so lang, dass sie bis zum Kinn reichen. Und wir stehen jetzt vor dem Dilemma: Abschneiden oder nicht? Es ist nicht unsere Familientradition, diese Locken stehen zu lassen. Ich selbst trage keine und unser anderer Sohn auch nicht. Es ist also kein religiöses Problem, die Haare zu schneiden. Aber es wäre ein Eingriff in die Entscheidung meines Sohnes, um ihn und damit uns alle vor Antisemitismuserfahrungen in Deutschland zu schützen. Andererseits soll er mit seinen neun Jahren durchaus selbst Dinge entscheiden können.

## Ich höre öfter, Jüd:innen seien »rassistisch«, weil sie sich als »auserwähltes Volk« betrachten. Was sagt ihr dazu?

**MARINA**

Der Begriff des »auserwählten Volkes« lässt sehr viele Misinterpretationen zu, deren sich Antisemit:innen nur zu gern bedienen. »Auserwählt« bedeutet aber aus jüdischer Sicht nicht, dass der Herr dieses Volk allen anderen vorzieht oder dass es irgendeine privilegierte Stellung einnimmt. Im Gegenteil glauben Juden, dass G'tt einen Bund mit allen Menschen der Welt geschlossen hat. Die Frage ist nicht so sehr »warum sind gerade die Juden auserwählt«, sondern »zu was sind sie eigentlich auserwählt?« Und die Antwort ist: für eine Aufgabe. Nämlich die Aufgabe, die göttliche Lehre zu bewahren und zu leben. Juden sollen streng nach den Gesetzen Gottes leben und sie von einer Generation in die nächste weitergeben. Es ist eine Art priesterliche Funktion. Aber keine, die in den Augen der Juden diese Gemeinschaft über andere stellt. Stattdessen hat jeder Mensch einen großen Wert und jeweils eine Aufgabe, weil ja jeder Mensch nach Gottes Bild geschaffen ist.

**ELIYAH**

Mein Rabbi hat es mal so erklärt: Wenn wir auserwählt sind, dann muss diese Wahl eine freie Wahl aus allen Völkern sein, sonst wären wir *bestimmt* und nicht *erwählt*. Und eine freie Wahl hat man nur, wenn man aus Gleichem wählt. Hat man etwa die Auswahl zwischen einem Apfel und einer Birne, bestimmt der Geschmack, der Appetit, die letzte Mahlzeit und andere externe Faktoren, für welche man sich entscheidet. Wählt man zwischen zwei Äpfeln, ist die Wahl frei. Der Begriff »Auserwählt« bedeutet für uns daher genau das Gegenteil von »besser«, es bedeutet »gleich«.

Allerdings gibt es auch unter Jüd:innen Menschen, die das anders verstehen. So wie es Menschen gibt, die glauben, dass sie, nur weil sie als Weiße in Deutschland geboren wurden, mehr wert seien als andere Menschen der Welt, so gibt es Jüd:innen, die denken, die Auserwählung mache sie zu etwas Besserem. Aber das ist hier wie dort Unsinn und sagt mehr über den betreffenden Menschen als über das Deutsch- oder Jüdischsein aus.

## Habt ihr euch schon mal gewünscht, nicht jüdisch zu sein? Fällt es euch manchmal schwer?

**MARINA**

Das habe ich mir nie gewünscht. Was ich mir wünsche, ist eine Welt, in der weder ich noch andere diese Frage stellen müssen. In der man sich niemals wünschen muss, anders geboren worden zu sein, als man ist. Das würde für mich eine gerechte Welt ausmachen. Ich hoffe nicht nur auf sie, ich arbeite auch dafür.

**ELIYAH**

Ich wünsche mir das immer, wenn ich Krabbensalat im Supermarktregal sehe. Der ist nämlich unglaublich lecker und unglaublich unkoscher. Generell ist religiöser Jude zu sein und zu reisen eine Kombination, die eine eigene Komplexität mit sich bringt und vor allem den Genuss von lokalen Delikatessen stark erschwert. Aber da ich als Konvertit mich aktiv dafür entschieden habe, wissend, dass Krabbensalat nie mehr auf dem Speiseplan stehen wird, kann ich mich eigentlich nur jeden Tag darüber freuen, dass ich Jude bin.

# 2 Religion

Die größte Bandbreite an Fragen, die in ihrem Detailreichtum auch für uns spannend waren, gab es rund um die Themen Religion und Ritus. Kein Wunder. Das Judentum kennt 613 Gebote und Verbote. Die muten teilweise ziemlich irre an, wie etwa das Gebot, dass man einen Vogel verscheuchen muss, um dann das Nest auszuräubern, was mit einem langen Leben belohnt wird. Dennoch setzen sie sich zusammen zu einer Anleitung, in der Geschichte bewahrt wird und durch die Zeiten interpretiert, wie Menschen mit ihrem Schöpfer und miteinander zusammenleben sollen. Die Schrift bietet zugleich nicht nur die Grundlage für alle großen monotheistischen Religionen, sondern darüber hinaus auch für die »westliche« Ethik, für unsere Werte und Normen. Es ist also nicht weiter verwunderlich, dass viele sie besser verstehen wollen.

Da wir beide keine Rabbiner sind, könnt ihr hier Literatur zur Vertiefung finden: *Mein Bund, den ihr bewahren sollt* von Antje Yael Deusel, *Tanach – Lehrbuch der jüdischen Bibel* von Hanna Liss oder von Günter Sternberger: *Jüdische Religion*, *Einleitung in Talmud und Midrasch* und *Einführung in die Judaistik*.

**Wie ähnlich / unterschiedlich sind die Torah und das, was im Christentum als »Altes Testament« bezeichnet wird?**

**ELIYAH**

Das sogenannte Alte Testament, oder wie manche Christ:innen es aus Höflichkeit uns gegenüber auch das »Erste Testament« nennen, hat dieselben Geschichten wie der Tanach. Der besteht aus der Torah, also den Fünf Büchern Mose und den Propheten (Nevi'im) sowie den Schriften (Ketuvim). Die Anfangsbuchstaben ergeben im Hebräischen das Wort »Tanach«, das die Christen übersetzt und etwas anders sortiert haben. Dazu kommt, dass je nachdem, in welcher Sprache man das »Alte Testament« liest, man es oft mit der Übersetzung einer Übersetzung zu tun hat. Laut der katholischen Kirche ist der lateinische Text, also die lateinische Übersetzung, der theologisch gültige Urtext. Aber schon der wurde teilweise aus dem Griechischen übersetzt, was eine Übersetzung des Hebräischen ist. Und es liegt in der Natur der Sache, dass bei jeder Übersetzung etwas verloren geht und etwas Neues dazukommt. Das heißt, das »Alte Testament« und der Tanach erzählen zwar dieselben Geschichten, sind aber eigentlich verschiedene Bücher.

**In christlichen Kirchen heißt es oft, dass »die Juden« heute »immer noch auf den Messias warten«. Stimmt das in der Form?**

**MARINA**

Ja, das stimmt. Wir warten immer noch, weil wir nicht davon ausgehen, dass Jesus Christus der Messias ist. Erstens hat der Herr Abraham verboten, seinen Sohn zu opfern. Wir gehen also davon aus, dass Er es nicht mag, wenn einige Kinder geopfert werden. Zweitens sind viele der Prophezeiungen, die mit der Ankunft des Messias verbunden sind, ebenfalls nicht in Erfüllung gegangen.

**ELIYAH**

Es gibt allerdings Jüd:innen, die glauben, der Messias sei schon da. Das sind etwa solche, die dem aus der Türkei stammenden sephardischen Rabbi Schabbatai Zwi anhängen. Er lebte im 17. Jahrhundert, und es gibt heute nur noch sehr, sehr wenige Anhänger. Er war einer der ersten Messiasse nach Jesus, der wirklich auch eine größere Anzahl an Anhänger:innen um sich scharen konnte. Am Ende seines Lebens wurde er Muslim, was dabei half, seinen Status als Messias nachhaltig zu beschädigen.

Heute gibt es die sogenannten J4J's. Also die »Jews for Jesus«. Das sind Leute, die sich selbst als Juden sehen, aber an Jesus als Messias glauben. Viele von ihnen sind geborene Jüd:innen, aber theologisch sind sie Christ:innen. Wer in diesen Kreisen zum Judentum übertritt, wird von anderen nicht als Jude akzeptiert. Es gibt jedoch nicht wenige Christ:innen, die einen orthodoxen Übertritt durchziehen, nur um danach als J4J zu leben und »innerjüdisch« Mission zu betreiben. Die Rabbinatsgerichte sind deswegen bei tiefreligiösen Christ:innen, die konvertieren wollen, besonders vorsichtig.

Und dann gibt es die Chabad-Chassidim. Ein Teil der Chabadniks glauben, dass ihr letzter Rabbiner, der Lubawitscher Rebbe Menachem Mendel Schneerson aus New York, der Messias ist. Und obwohl er bereits gestorben ist, halten sie an dem Glauben fest. Auch deswegen hat Chabad keinen neuen Rabbiner mehr, der sie anführt. Die Antwort auf die Frage ist daher: Ja, wir warten noch auf den Messias. Ich persönlich auch noch. Aber es gibt Jüd:innen, die nicht mehr warten.

## Wie sieht sich das Judentum im Verhältnis zu den anderen monotheistischen Religionen, insbesondere beim Thema reine Lehre?

**MARINA**

Wir haben keinen Alleinseligmachungsanspruch. Das bedeutet: Um »richtig« zu leben oder in die kommende Welt zu gelangen, muss man nicht jüdisch sein. Der Wert aller Menschen ist hoch, weil sie nach Gottes Ebenbild geschaffen sind. Da Juden »auserwählt« sind, unter den Menschen eine Art Priesterfunktion zu erfüllen, gelten für sie besonders strenge Regeln. Um ein gerechter Mensch zu sein, muss man sich aber an diese nicht halten. Als Nichtjude / Nichtjüdin gibt es weit weniger Regeln, die man aus jüdischer Sicht befolgen muss, um als »Gerechte:r« an der kommenden Welt Anteil zu nehmen. Nicht morden. Nicht stehlen. Nicht Gott lästern. Und so weiter. Wer das befolgt, ist für uns Juden cool. Wir missionieren nicht nur nicht unsere Religion als die einzig wahre – wir dürfen das nicht mal. Es gibt im Judentum ein Missionierungsverbot.

**ELIYAH**

Die Gesetze, die du angesprochen hast, Marina, sind die Gesetze von Noah. Die sind den Zehn Geboten sehr ähnlich. Aber es gibt auch Gesetze darunter, die etwas bizarr anmuten: Man darf kein Fleisch von einem noch lebenden Tier essen. Es wird heute kaum jemanden schwerfallen, das einzuhalten. Ein Grenzfall ist hier das Essen von Austern. Leben sie noch, wenn man sie isst, oder sterben sie in der Sekunde vor dem Verzehr? Ein anderes Noachidisches Gesetz ist: Man muss ein Rechtssystem etablieren. Auch das Grundgesetz qualifiziert sich dafür. Außerdem muss man natürlich an G'tt glauben. Die Noachidischen Gesetze werden von jeder:m ordentlichen Christ:in und Muslim:in normalerweise erfüllt. Insofern gibt es keinen Grund, diese Menschen zu missionieren. Natürlich glauben wir, dass Christ:innen und Muslim:innen in ihrer Religionsausübung irgendwas falsch machen, vor allem wenn sie an ihre Propheten glauben, die nach unserer Meinung keine Propheten sind. Aber das ändert nichts daran, dass sie, wenn sie in die Kommende Welt kommen, was Christen den »Himmel« nennen, denselben Status haben wie ein Jude, der sich an alle jüdischen Gesetze gehalten hat.

**Du erzählst auch von den sieben »Geboten« von Noah, die für alle gelten und an die sich vermutlich ohnehin alle (auch Nichtjuden) halten. Was sieht denn das Judentum für die vor, die sich selbst daran nicht halten?**

**ELIYAH**

Die Gesetze Noahs gelten für alle Menschen, ob Jüd:innen oder nicht. Allerdings sind die Noachidischen Gesetze komplett redundant zu den restlichen Gesetzen für Jüd:innen. Wer also eine Noachidisches Gesetz bricht, bricht ein Torahgesetz. Und die Torah verhängt teils sehr drakonische Strafen. So gibt es etwa für das öffentliche Brechen des Schabbats die Todesstrafe. Allerdings haben die Sanhedrin, also die Versammlung der Gelehrten, die Todesstrafe durch einen Kniff schon vor über 2000 Jahren praktisch abgeschafft. Sie verlagerten ihren Sitzungsort aus dem Tempel heraus, und Todesurteile durften nur im Tempel ausgesprochen werden. Da wir heute keinen Tempel mehr haben, stellt sich diese Frage nicht mehr. Aber selbst wenn wir den Tempel wieder aufbauen würden, hätte das keine Rückkehr der Todesstrafe zur Folge. Wir sind der Meinung, dass eine Strafe, die man nicht zurücknehmen kann, nur von G'tt und nie von Menschen ausgesprochen werden darf. Und wer heute

Schabbat bricht, wird nicht gesteinigt, sondern mit kiloweise Essen malträtiert, wenn sie oder er zum Schabbatessen bei einer religiösen Familie eingeladen ist.

**MARINA**

Für die allerschlimmsten Sünder:innen ist vorgesehen, dass sie elf Monate warten müssen, bis sie in die Kommende Welt gelangen können. Für ihre Seelen wird in dieser Zeit gebetet.

## Gehen die Jüd:innen aus Glaubensgründen in die Synagoge oder nur, um Gemeinschaft zu erleben? Könnten sie theoretisch auch allein zu Hause beten?

**MARINA**

Für bestimmte religiöse Pflichten muss man in der Gemeinschaft sein. Andere Gebete kann man absolut allein zu Hause beten. Ich als Frau habe nicht so viele Pflichten, die ich in der Synagoge habe. Und ich gehe gerne dahin, weil ich Gemeinschaft erleben und mit anderen Leuten zusammen sein möchte. Im orthodoxen Judentum ist die Pflicht zu beten eine Pflicht für die Männer. Frauen haben diese Pflicht nicht. Sie sollen und dürfen natürlich beten, aber sie müssen nicht.

**ELIYAH**

Männer wiederum brauchen für viele, viele Gebete ein Quorum von zehn Männern, die älter als 13 Jahre sind, den sogenannten Minjan. Den bekommt man zu Hause natürlich selten hin, aber manchmal schon. Es gibt hier in Israel viele private Minjanim, wo Leute zu Hause beten. In der Nachbarschaft gibt es eine Familie, die jeden Samstagabend in ihrem Haus zum Gebet einlädt, um gemeinsam den Schabbat zu verabschieden. In mancher großen Familie ist der Minjan schon fast voll mit Familienmitgliedern. Als orthodoxer Mann geht man in die Synagoge hauptsächlich, um seine religiöse Pflicht zu erfüllen, aber natürlich trifft man sich auch gerne mit Leuten. Seit dem Beginn der Corona-Pandemie gehe ich eigentlich nur noch am Schabbat in die Synagoge und freue mich, da Freunde zu treffen, die ich sonst nicht sehen würde. Alle mit Abstand und Maske natürlich, aber trotzdem hat man endlich mal Interaktion mit Menschen, die nicht Arbeit und nicht Familie sind.

Was ich interessanterweise in Hamburg in der Synagoge beobachtet habe, wo ich ja vorher gelebt habe, ist: Da wimmelte es von Israelis. Und zwar Israelis, die nicht religiös sind und die in die Synagoge gekommen sind, um sich endlich mal wieder zu Hause zu fühlen, um endlich mal wieder Hebräisch zu hören und unter anderen Juden zu sein.

## Was tun die Jüd:innen während des Gottesdienstes? Singen, musizieren, tanzen sie?

**MARINA**

Ich tanze in der Synagoge im Normalfall nicht. Aber ich singe. Viele jüdische Gebete werden gesungen, vor allem am Schabbat. Ich gehe meistens freitagabends. Dann kommt man rein, quatscht, tauscht Neuigkeiten aus. Dann gehe ich hinauf mit den anderen Frauen auf die Empore – in orthodoxen Gemeinden beten die Frauen getrennt von den Männern. In Münster wird auf Hebräisch gebetet. Wer die Gebete nicht ohnehin auswendig kann, liest in einem Siddur, einem Gebetbuch, mit. Da sind sie übersetzt. Bei uns meistens ins Deutsche und ins Russische, weil es hier sehr, sehr viele Juden aus der ehemaligen Sowjetunion gibt. Nach dem Gebet kommt die Gemeinde wieder zusammen. Wir essen dann gemeinsam ein Stück Schabbatbrot und trinken Wein. Beides wird mit dem Kiddusch, einem Segensspruch, geheiligt. Den Kiddusch sagt man sonst vor der Mahlzeit zu Hause. Beim Hauptgottesdienst am Samstagmorgen ist der Gottesdienst länger und enthält nach dem Morgengebet auch das Vorlesen eines Abschnitts der Torah. Das ist eine ganze Zeremonie, denn die Torah ist festlich gehüllt und wird in einer feierlichen Prozession enthüllt und ausgerollt. In diesem G'ttesdienst wird auch Familienangehöriger oder Kranker namentlich gedacht. Danach wird richtig gegessen, nicht nur symbolisch. Und bei uns wird der Torahabschnitt dann gemeinsam diskutiert. Es passiert vor allem aber auch einfach eine Menge Klatsch und Tratsch, mitunter durchaus auch während der Gebete.

**ELIYAH**

Getanzt wird in der Synagoge vor allem an einem Feiertag: Das ist Simchat Torah. Im Jahr 2020 wurde leider nicht getanzt aufgrund der Einschränkungen wegen der Corona-Pandemie. Aber normalerweise ist das eine Riesenparty! Die Kinder und Jugendlichen schreien, singen und tanzen, das muss man mal erlebt haben! Aber man muss nicht auf Simchat Torah warten, um Jüd:innen beim Tanzen zuzusehen. Jeden Freitagabend gibt es an der Kotel (Klagemauer) sogenannte Carlebach-Gebete, die eine einzige Party sind. Wer in Israel zu Besuch ist, sollte sich das nicht entgehen lassen.

Aber auch in unserer Gemeinde wird zum Gebet gesungen. Nicht so intensiv wie an der Kotel und leider auch sehr schief, da wir keinen professionellen Kantor haben, aber die gute Absicht zählt!

## Singt man immer die gleichen Lieder oder hat jeder Tag spezielle Lieder, die man singt?

**ELIYAH**

Wir haben zu den jeweiligen Anlässen wie Schabbat oder Feiertagen immer dieselben Texte, denn die sind in dem Gebetbuch, das wir Siddur, also »Ordnung«, nennen, festgelegt. Nicht alle Texte, die meistens Psalmen sind, werden gesungen. Viele werden still gesagt. Allerdings gibt es für die, die gesungen werden, verschiedene Melodien. Das bringt Abwechslung in den G'ttesdienst. Welche Melodie gesungen wird, entscheidet der Kantor oder Vorbeter mit Rücksicht auf die Tradition der Gemeinde.

## Warum dauert es so lange, wenn man zum Judentum konvertieren will?

**ELIYAH**

Die einfache Antwort ist: Damit man es, wenn man es tut, wirklich, wirklich will. Außerdem hat man eine Menge zu lernen.

**MARINA**

Du bist durch diesen Prozess durch, Eliyah. Du bist konvertiert.

**ELIYAH**

Ja. Der Prozess ist schwer. Die Frage zur Konvertierung wurde ja bereits weiter oben beantwortet, und da beschreibe ich, dass man am Anfang erst drei Mal abgelehnt wird. Und diese Ablehnung ist etwas, womit man emotional zurechtkommen muss. Der Grund dafür, dass wir es so schwer machen, ist, dass wir – anders als die anderen abrahamitischen Religionen – nicht allein seligmachend sind. Das heißt: Du musst kein:e Jüd:in sein, um in den Himmel zu kommen. Du wirst nicht mit ewigem Höllenfeuer bestraft dafür, dass du kein:e Jüd:in bist. Und da wir nicht allein seligmachend sind, ist es natürlich irgendwie gemein, jemandem unsere 613 Mitzwot aufzuerlegen, die religiösen Gesetze, die wir haben statt nur der sieben, die das Judentum für Nichtjuden kennt, nämlich die von Noach, der die Arche gebaut hat. Es gibt also keinen theologischen Grund zu konvertieren, sondern nur einen persönlichen. Und deswegen missionieren wir nicht. Und deswegen prüfen wir so genau und so lange, ob der persönliche Grund echt ist. Es gibt ja der Konvertit:in auch selbst die Chance, die Entscheidung zu überdenken.

## Was ist die Funktion eines Rabbis?

**MARINA**

Der Rabbi leitet die Gemeinde an und ist der Hauptansprechpartner für alle halachischen Fragen. Er ist ein Gelehrter, der die Vorschriften der Torah auslegen kann. Deshalb kann er auch lehren, er hat in der Diaspora als Richter in zivilen Angelegenheiten gedient, und er kann Gemeindemitglieder beraten.

Ein Missverständnis wäre es, den Rabbi als eine Art »jüdischen Priester« zu sehen. In den Riten der Gemeinde hat er keine besondere Position. Im Grunde kann nämlich jeder einen Gottesdienst leiten, vorbeten und so weiter. In meiner Gemeinde macht das der Kantor (Chasan).

**ELIYAH**

Ja, der Rabbi ist sowohl die wichtigste als auch die unwichtigste Person in der Synagoge. Er leitet das Gebet nur dann, wenn kein anderer dazu in der Lage ist. Das kommt in Deutschland vor allem in kleineren Gemeinden häufiger vor, in großen Gemeinden hingegen selten. Wichtige Personen für das Gebet sind die Gabbaim (Einzahl Gabbai), also die Synagogendiener, der oder die Vorbeter, der oder die Torah-Vorleser und natürlich die Beter. Wenn davon nicht mindestens zehn männliche anwesend sind, kann kein G'ttesdienst stattfinden. Die genannten Funktionen können in Personalunion von einer Person ausgefüllt werden, oder viele Männer teilen sich die jeweiligen Arbeiten, und für keine braucht man den Status eines Rabbiners. Auch die Predigt, die wir »Dwar Torah«, also ein »Torah-Ding« nennen, ist nicht dem Rabbiner vorbehalten, auch wenn er sie häufig gibt. Und sie ist auch ein optionaler Bestandteil des Gebets.

Wenn es aber um religiösen Rat oder halachische Entscheidungen wie etwa »Ist das koscher?« geht, ist der Rabbiner die letzte Autorität im Raum.

In orthodoxen Gemeinden sind alle diese Positionen von Männern bekleidet. In liberalen ist das anders. Allerdings gibt es auch moderne, orthodoxe Gemeinden, wo Frauen auch Aufgaben übernehmen, allerdings eingeschränkt und im Rahmen dessen, was die Halacha erlaubt.

## Wie nennen die Jüd:innen ihren Schöpfer? Haben sie verschiedene Worte?

**MARINA**

Auch in diesem Buch ist das Wort »G'tt« nicht ausgeschrieben. Das hängt auch mit Religion zusammen. Denn wenn man den Namen G'ttes ausschreibt, darf er nicht an profane Orte gebracht werden.

**ELIYAH**

Und da wir wollen, dass man unser Buch auch auf dem Klo lesen kann, kürzen wir es ab.

Es gibt sehr viele verschiedene Namen für G'tt, und jeder stellt eine andere Eigenschaft heraus. In der hebräischen Bibel wird er mal mit den Buchstaben »Jud-(K)Hey-Vav-(K)Hey« und mal als »Elo(k)him« bezeichnet, was verschiedene Eigenschaften hervorhebt. Das geht in der Übersetzung dann leider verloren. Das sind auch die wichtigsten Namen, die benutzt werden. In Unterhaltungen sagt man aber meist »HaSchem«, was wörtlich »Der Name« heißt. Der Name, den man nicht sagt.

**Und warum dürft ihr nicht »J…« sagen wie bei den Zeugen J.? Ich kenne diese Regel nur aus »Life of Brian«. Dürft ihr es schreiben oder lesen oder hören?**

**ELIYAH**

Diese Frage schließt direkt an die vorherige Frage an. Die Buchstabenfolge »Jud-(K)Hey-Vav-(K)Hey« kann man so intonieren, wie es bei »Life of Brian« gemacht wird. Allerdings ist das Wissen darüber, wie diese Buchstaben tatsächlich gesagt werden, verloren gegangen. Die hebräische Schrift ist hier nicht vokalisiert, und wir sprechen das als »Ado-nai« aus. Also ganz anders, als die Buchstaben es vorgeben. Das tun wir, da der wirkliche Name nicht ausgesprochen werden darf. Die Aussprache bei »Life of Brian« könnte möglicherweise stimmen, also sagen wir sie nicht.

**MARINA**

Fun Fact: Obwohl die Torah nur aus Konsonanten besteht, gibt es ein System der Vokalisierung, um das Lesen zu erleichtern.

Rabbiner haben in der Arbeit mit Texten manchmal einige Wörter zum Verständnis ersetzt und die Vokalisierung unter das ursprüngliche Wort geschrieben. Unter J-H-W-H schrieb man die Vokalisierung für »Adonai«. Nur frühe Christen, die dieses System nicht kannten und nicht zu lesen wussten, übernahmen »J-H-W-H« mit den Vokalen aus Adonai. So kommt wohl der Name in »Life of Brian« zustande.

## Was sind die höchsten Feiertage, und was wird gefeiert?

**ELIYAH**
Der höchste Feiertag im Judentum ist der Schabbat. Und das ist etwas, was vielen Leuten nicht so bewusst ist. Wir haben unseren höchsten Feiertag wöchentlich. Jom Kippur ist der höchste Schabbat. Also der allerhöchste Feiertag, und der ist einmal jährlich im Spätsommer. Das Wort »allerhöchste« hat man euch bestimmt in der Grundschule schon versucht auszutreiben. Man kann ein Superlativ nicht noch mehr steigern. Wir Juden können das! Wir haben einen höchsten Feiertag und einen allerhöchsten Feiertag. Der wichtigste Feiertag im jüdischen Jahr allerdings ist Pessach, denn da feiern wir den Auszug aus Ägypten, die Geburtsstunde des jüdischen Volkes. Vorher gab es keine Juden, es gab Hebräer, was »von der anderen Seite« bedeutet.

Es gibt Feiertage, die »Chagim« genannt werden. Das sind die, an denen man nicht Feuer machen und nicht arbeiten darf, fast genau wie am Schabbat. Und dann gibt es Feiertage, die anders, niedriger sind, wie zum Beispiel Purim oder Chanukka, die nach der Niederschrift der Torah dazugekommen sind und an denen Arbeiten erlaubt sind.

**MARINA**

Auf alle Feiertage gehen wir noch mal gesondert ein im Kapitel »Feiertage«. Das ist ein Sonderkapitel, in dem wir nicht direkt Fragen beantworten, sondern durchgehen, was die Feiertage für uns bedeuten und wie wir sie begehen.

## Am Schabbat wird meines Wissens abends eine Kerze angezündet, und dann darf man nicht mehr arbeiten. Was zählt denn als Arbeit? Ist das Abendessen zuzubereiten Arbeit?

**MARINA**

Der Text sagt, am Schabbat soll man nicht »schaffen«. Es geht also nicht um Arbeit im weiteren Sinne, sondern vor allem um den Akt, etwas zu erschaffen. Wie zum Beispiel Feuer. Oder ein Abendessen. Also nein, das Abendessen darf man dann nicht mehr zubereiten. Ich bin ja nicht orthodox. Ich versuche, weit vor Sonnenuntergang die ganze Wohnung aufgeräumt zu haben, und bereite das Abendessen vor. Dann lasse ich es einfach im auskühlenden Ofen stehen.

## Was ist der Unterschied zwischen Tempel und Synagoge?

**MARINA**

Für die meisten Jüd:innen in Deutschland ist der Tempel tatsächlich das Haus Gottes. Das war ein reales, historisches Gebäude in Jerusalem. Der Zweite Tempel wurde zerstört. Und Tempel ist etwas Heiliges. Während die Synagoge einfach der Ort ist, an dem man zusammenkommt, um gemeinsam zu beten. Die liberalen Jüd:innen in Amerika nennen ihre Synagoge allerdings Tempel.

**ELIYAH**

Das ist auch einer der wichtigsten Unterschiede zwischen liberalem Judentum und dem orthodoxen Judentum. Wir hoffen darauf, dass der Tempel wieder erbaut wird eines Tages. Die liberalen Juden hoffen nicht darauf und nennen deswegen ihre Gebetsstätte Tempel. Das letzte Überbleibsel des letzten Tempels ist die Kotel in Jerusalem, die unter dem Spottwort »Klagemauer« bekannt ist. Wo er stand, soll der Felsen sein, auf dem die Opferung Yitzchaks stattgefunden hat, und es ist der heiligste Ort auf der Welt für uns Juden. Der Tempel wurde zerstört, und auf dem Gelände haben die Christen eine Müllhalde und eine Kloake eingerichtet, da dies laut einer Prophezeiung ihrer Propheten die Voraussetzung für die Wiederkehr des Messias ist. Als die Muslime die Kontrolle über die Stadt erlangten, reinigten sie den Ort und erbauten an dieser Stelle den Felsendom, benannt nach dem Felsen der Opferung, und die Al-Aqsa-Moschee und gaben dem Ort damit eine Wertschätzung zurück, die die Christen ihm genommen hatten. Wenn der Messias kommt, dann wird dort der Dritte Tempel errichtet werden.

**Heißt das, ihr »hofft« auf die Zerstörung des Felsendoms und die Wiedererrichtung eines jüdischen Tempels an dieser Stelle?**

**ELIYAH**

Nein, wir hoffen nicht auf die Zerstörung des Felsendoms. Ich weiß, das klingt widersprüchlich. Wie kann man auf den Wiederaufbau des Tempels hoffen und inbrünstig dafür beten und gleichzeitig nicht wollen, dass der Felsendom, der dem im Weg steht, zerstört wird? Die Lösung liegt darin, dass dieser Wiederaufbau prophezeit wurde für die Zeit, in der Frieden herrscht und der Messias kommt. Und dann wird es den Muslimen ein eigenes Anliegen sein, den Tempel mit uns Juden gemeinsam wieder zu errichten, weil auch sie den Messias als den Heilsbringer anerkennen werden. Wir beten also im Grunde für eine Zeit, in der der Frieden so tief und so wahr ist, dass der Felsendom kein Hindernis für den Bau ist. Und insofern kann man sagen, dass das Hoffen auf den physikalischen Wiederaufbau im Grunde ein Hoffen auf den spirituellen Tempel des Friedens ist.

## Was ist die Halacha? Und welche Rolle spielt sie für die jüdischen Gemeinden in den verschiedenen Ländern heute?

**ELIYAH**

Die Halacha ist das jüdische Religionsgesetz und umschließt alle Gesetze, die irgendwas mit dem jüdischen Leben zu tun haben. Da das jüdische Leben aber das gesamte Leben ist, behandelt die Halacha alles von morgens aufstehen bis abends ins Bett gehen. Es regelt zum Beispiel sogar, wie ich meine Schuhe binde: Erst den rechten Schuh anziehen, dann den linken Schuh, dann den linken Schuh binden, dann den rechten Schuh. Das ist Halacha.

Das jüdische Gesetz ist aber vor allem dann wichtig, wenn es um Themen geht wie: Heirat, Sterben, wer ist Jüd:in oder, wenn man Koscher hält, was darf ich essen. In Israel sind auch einige der weltlichen Gesetze so, dass sie zumindest mit der Halacha kompatibel sind. Ein Gesetz der Halacha, und das ist wichtig zu wissen, ist aber auch, dass man sich an die Gesetze des jeweiligen Landes halten muss. Oft sogar selbst dann, wenn sie jüdischen Gesetzen widersprechen, solange die Gesetze nicht so aufgebaut sind, dass sie ausschließlich oder hauptsächlich Jüd:innen betreffen. Beispiele dafür sind ein Verbot der rituellen Beschneidung oder ein Schächtverbot.

**MARINA**

Die Halacha kann drakonisch wirken darin, wie sie alle Aspekte des Lebens reguliert. Als jemand, der nicht streng danach lebt, aber freiwillig mehr und mehr Elemente dessen in sein Leben einbaut, kann ich sagen: Das hat eine Funktion. Das Befolgen dieser Regeln hilft nämlich, auch im Alltag an G'tt zu denken und daran zu denken, ein guter Mensch anderen gegenüber zu sein. Wir haben niedere Impulse, die uns das vergessen lassen. Aber man ist ja buchstäblich jedes Mal daran erinnert, wenn man sich die Schuhe zubindet. Die Halacha sagt auch: Sprich mit einem Menschen, bevor du über ihn redest. Gib den Armen. Reflektiere deine Sünden. Das hat eine rein pragmatische Funktion. Wer die Halacha auch im Geiste einhält, arbeitet im Prinzip ständig an sich. Das verbessert die Welt im Kleinen.

## Gibt es spezifisch jüdische Positionen (theologisch oder kulturell begründet) zum Umgang mit den aktuellen Krisen der Menschheit: Corona, Klimaschutz, Flüchtlinge … ?

**MARINA**

Ja. Die Religion hat diverse Gebote zum Umgang mit Gesundheit, Umwelt, anderen Menschen und so weiter. Die lassen sich nicht nur auf aktuelle Politik anwenden, sie müssen sogar auf die jeweiligen aktuellen Herausforderungen angewendet werden. Was wäre sonst der Sinn von Geboten? So gibt es Gebote, die den Schutz der Gesundheit zu einem wichtigen Gut erheben. Zum Beispiel darf man viele der anderen Gebote nicht erfüllen, wenn sie gesundheitlich beeinträchtigend sind. In der Praxis hat sich das in der Pandemie gezeigt, als unsere Gemeinde hier in Münster auch dann auf G'ttesdienste verzichtet hat, wenn es technisch gesehen unter Auflagen möglich gewesen wäre, aber eben riskant. Es gibt ein Gebot, die Natur zu schützen. Und es gibt ganz viele Gebote rund um Barmherzigkeit, die Flüchtlinge betreffen würden. (»Wenn ein Fremder in eurem Lande weilt, so sollt ihr ihn nicht kränken. Gleich dem Einheimischen unter euch sei euch der Fremde, der bei euch weilt, und du sollst ihn lieben wie dich selbst, denn Fremdlinge wart ihr im Lande Ägypten – Ich bin der Ewige, euer G'tt.« 3. Buch Mose (Kap. 19:33–34))

Allgemein haben wir eine Pflicht, die den Namen trägt: Tikun Olam. Das bedeutet übersetzt: »Verbessere die Welt!« Man kann uns also religiöse Weltverbesserer nennen. Natürlich bietet diese Pflicht viel Interpretationsspielraum (und wird auch – meiner bescheidenen Meinung nach – zu Recht von den feministischen und queeren Bewegungen innerhalb des Judentums gern aufgenommen), aber ich interpretiere sie mal im Geiste der anderen Gebote: Sei kein Arschloch und hinterlasse die Welt so, dass alle Menschen und Geschöpfe darin die Chance haben, dass es ihnen gut geht.

## Gibt es eine regelmäßige Neu-Interpretation eurer heiligen Schriften, um das Leben im 21. Jahrhundert sinnvoll jüdisch zu leben?

**ELIYAH**

Die Schriften werden regelmäßig neu interpretiert und immer wieder neu an Gegebenheiten angepasst. Die letzten großen Änderungen ergaben sich, als die Elektrizität aufkam, denn die gab es in der Torah nicht. Da mussten die Rabbiner neu bewerten und entscheiden: Was ist eigentlich Elektrizität aus

Sicht der Halacha? Ist es Feuer? Ist es Wasser? Letzteres war die erste Assoziation, nicht nur der Rabbiner. Auch Ingenieure und Wissenschaftler hielten Elektrizität für eine Flüssigkeit. Daher kommt die Bezeichnung »Strom«, ein Flüssigkeitsbegriff. Erst später hat man gemerkt, dass das vielleicht gar nicht so stimmt. Und dann haben auch die Rabbiner beschlossen, dass Elektrizität eigentlich eher als Feuer zu betrachten sei. Das hat natürlich großartige Auswirkungen darauf, wie wir Elektrizität heute benutzen, vor allem an Schabbat und Feiertagen. Und die Rabbiner haben die Nutzung auch nicht verboten, sondern geregelt: Heute nutzen Jüd:innen eine elektrische Wärmeplatte mit Zeitschaltuhr und keine Gas- oder Kohleflamme, die von Freitagabend bis mindestens Samstagmittag durchbrennen muss. Das ist deutlich praktischer. Ähnliches gilt für Licht in der Wohnung und die Benutzung eines Kühlschrankes. Bei Letzterem muss man nur die Birne am Schabbat herausdrehen oder den Türschalter blockieren. Unser moderner Kühlschrank einer asiatischen Marke hat eine nicht in der Bedienungsanleitung beschriebene Funktion, mit der man das Licht deaktivieren kann, in dem man zwei Knöpfe auf dem Bedienfeld lange gedrückt hält. Ein Begleitblatt auf Hebräisch für den israelischen Markt beschreibt die Funktion.

Der Rabbiner der Synagoge in Jerusalem, zu der ich immer gegangen bin, als wir dort gewohnt haben, hat ein Buch veröffentlicht darüber, wie man als religiöse:r Jüd:in reist, speziell bei Geschäftsreisen. Es werden Fragen beantwortet wie: Wie betet man im Flugzeug? Wie am Flughafen? Wie hält man koscher, wenn man irgendwo ist, wo es kein koscheres Essen gibt? Und vieles mehr. Ich selbst habe auf verschiedensten Flughäfen der Welt meine Gebete gemacht. Unter anderem in Istanbul, in Frankfurt, in Beijing, in San Francisco und natürlich in Tel Aviv. Dort gibt es eine gut besuchte Synagoge, und auch der Frankfurter Flughafen hat eine, die allerdings meistens leer steht. Die Antwort auf die Frage ist daher: Natürlich wird immer die Religion neu interpretiert und auf die heutige Zeit angewendet. Wir sind nicht wie Amish People, die versuchen, die heutige Zeit abzuschaffen.

## Glauben Juden an ein Leben nach dem Tod?

**MARINA**

Ja, wir glauben an die »Kommende Welt«, an »Olam Haba«. Wir wissen aber nicht, wie sie aussieht. Es ist nicht so richtig zu vergleichen mit dem Paradies der Christen. Wir haben auch keine Hölle. Und wir glauben, dass in der »Kommenden Welt« alle wieder leben werden. Und zwar auch nicht nur Juden, sondern alle, die in ihrem Leben rechtschaffen und aufrecht waren.

**ELIYAH**

Nein, alle. Auch die größten Sünder:innen! Weißt du, warum wir elf Monate Kaddisch sagen? Das Kaddisch ist das Trauergebet auf Aramäisch, das die Angehörigen für ihre Verstorbenen elf Monate sagen, weil selbst die schlimmsten Sünder:innen nach elf Monaten Warten im Nirvana in die Kommende Welt kommen. Nur wer nicht eine einzige gute Tat im Leben vollbracht hat, nicht mal eine kleine, muss zwölf Monate warten. Und da wir über niemanden schlecht reden wollen und den Eindruck erwecken wollen, jemand wäre nur schlecht gewesen im Leben, hören wir nach elf Monaten auf.

## Warum legen Juden Steine auf Gräber?

**MARINA**

Als Wüstenreligion hat man es nicht so mit Blumen. Die Steine sind eigentlich die originale Form der »Grabsteine«. In der Wüste hatte man keine geschliffenen Steintafeln, sondern begrub Tote unter einem Steinhaufen. Der markierte das Grab und hielt Tiere ab.

Heute legt man Steine oben auf die Grabplatte oder daneben. Zumindest meistens. Auf das Grab meines Vaters auf dem jüdischen Friedhof in Dortmund wurden bei seiner Beerdigung trotzdem viele Blumen gelegt. Beispielsweise von seinen nicht jüdischen Freund:innen. Ich halte es lieber mit Steinen. Sie bleiben nämlich.

**ELIYAH**

Zum Grabritus der Juden gehört auch, dass wir ausschließlich Erdbestattungen machen. Wir glauben, dass die Knochen in der Zeit des Messias wieder mit Fleisch bedeckt werden und die Verstorbenen wieder auferstehen. Daher war es in der Shoa ein doppelter Mord an uns, als die Leichen in Öfen verbrannt wurden. Unsere Gräber werden auch nicht nach 20 Jahren neu belegt. Ein jüdisches Grab ist ewig. Das führt regelmäßig zu Konflikten. Als in Hamburg-Altona ein Kaufhaus abgerissen wurde und an seiner Stelle ein Einkaufszentrum errichtet werden sollte, kam ein jüdischer Friedhof zum Vorschein. Die Verlegung der Leichen war nicht mehr möglich, da der Friedhof komplett zerstört war und Erdreich in großem Umfang umgegraben wurde. Nach lauten Protesten der jüdischen Gemeinden gegen den Bau wurde ein Kompromiss gefunden. Wer in Hamburg ist, kann ihn sich ansehen. Im Einkaufszentrum Mercado neben dem Altonaer Bahnhof ist eine Gedenkstätte für die dort beerdigten Jüd:innen im Untergeschoss eingerichtet, umgeben von Geschäften und Märkten.

**Wenn man im Schabbat nicht arbeiten darf, gibt es da religiöse Sonderregelungen für Ärzt:innen, Pflegekräfte und alle anderen systemrelevanten Berufe?**

**MARINA**

Ja, gibt es. Es ist erlaubt, alles rund um die Gesundheitsversorgung oder auch kritische Infrastruktur darf weiterhin gemacht werden. Schließlich ist die Erhaltung der Gesundheit ein Gebot, das andere Gebote oder Verbote sogar unwirksam macht. Wobei ich auch durchaus mal mit einem Rabbi in den Niederlanden gesprochen habe, der Arzt ist, der sagte: Ja natürlich, wenn ich am Schabbat jemanden versorge, dann breche ich den Schabbat. Das Brechen des Schabbat ist eine Sünde, aber es ist eine Sünde, die gegen das Gute aufgewogen wird.

**ELIYAH**

Ich kenne deinen Rabbiner nicht, aber ich würde ihm widersprechen. Es ist keine Sünde, es ist ein Gebot. Man muss Schabbat brechen! Ich bin am Schabbat mit unserem Auto ins Krankenhaus gefahren mit meiner Frau, als unser Kind geboren ist. In ein religiöses Krankenhaus wohlgemerkt. Es fühlte sich wirklich komisch für mich an, am Schabbat im Auto zu sitzen, aber es ist nicht nur erlaubt, es ist Pflicht. Es ist sogar so: Wenn du von Beruf Krankenwagenfahrer:in bist und wirst gerufen, eine:n Verletzte:n zu holen, dann musst du natürlich ins Auto steigen, zur:m Verletzte:n hinfahren und ihn oder sie ins Krankenhaus bringen. Ab dem Moment, in dem du im Krankenhaus angekommen bist, ist ja eigentlich die Lebensgefahr gebannt, und du hast deinen Job gemacht. Du könntest sagen: »Okay, den

Krankenwagen lass ich jetzt stehen und geh nach Hause. Zu Fuß.« Aber nein! Du kannst nicht nur, du musst ihn auch nach Hause fahren, um bereit zu sein für den nächsten Einsatz. Du darfst am Schabbat oder Feiertag nichts nicht tun, was irgendwie die Gesundheit anderer Menschen oder auch deine eigene gefährdet, und natürlich ist deswegen die Ausübung all dieser Berufe auch für religiöse Menschen möglich, auch am Schabbat. Allerdings versuchen religiöse Menschen, das Schabbatbrechen zu vermeiden. Das heißt, sie hätten es zwar gedurft, Arbeiten zu verrichten, aber wenn jemand Nichtjüdisches da ist, der es übernehmen kann, lässt man es ihn oder sie machen. Als mein Kind im besagten Krankenhaus geboren ist, war die Belegschaft sehr gemischt. Wie in allen Krankenhäusern in Israel arbeiten arabische und jüdische Menschen dort zusammen. Eine ältere, arabische Frau hieß Aische. Es gab viele Zettel, die ausgefüllt werden mussten für die Aufnahme in die Geburtsklinik, und das hat immer Aische gemacht. Ständig ertönte der Ruf »Aische! Aische!«, und jemand hielt ihr den Stift hin. Allerdings darf man eigentlich den Stift am Schabbat auch nicht anfassen, aber es ging ja nur um das Minimieren des Schabbatbrechens. Aber wenn es keine sinnvolle Möglichkeit gibt oder wenn das Übergeben dieser Arbeiten an jemanden Nichtjüdisches eine gefährliche Verzögerung bedeuten würde, dann ist es überhaupt keine Frage. Dann muss man die Regeln des Schabbat brechen.

## Warum sind die Speisegesetze so viel komplizierter als im Christentum oder Islam?

**ELIYAH**

Erstens: Wir waren zuerst da. Und zweitens: Ob sie so viel komplizierter sind als im Islam, weiß ich gar nicht, ich kenne die Halal-Regeln nicht im Detail. Allerdings ist es wohl so, dass die Koscher-Regeln strikter sind als die Halal-Regeln. Wenn ein:e gläubige:r Muslim:in, die oder der nur Halal isst, zu einem:r Jüd:in zu Besuch kommt, dann darf sie oder er all das koschere Essen essen, außer es enthält Alkohol. Leider betrifft das auch Wein im Essen, selbst wenn der Alkohol komplett verdunstet ist, und unser leckerstes Essen bei Familie Havemann am Schabbat sind in Wein gebackene Hühnchen. Für einen muslimischen Gast muss ich also ein anderes Rezept heranziehen. Im Supermarkt, in dem ich einkaufe, arbeiten auch viele Muslim:innen, manche von ihnen sind religiös. Wenn ich alkoholhaltige Getränke einkaufe, dann ziehe ich die an der Kasse immer selbst über den Scanner, da sie die Flaschen nicht berühren wollen.

Bei den Christen ist es etwas anderes. Die frühen Christen haben im Wesentlichen gesagt, dass Jesus die Trennung zwischen rein und unrein aufgehoben hätte, und deswegen dürfen Christen Schwein essen. Sie verstehen die Koscherregeln auch eher als Werte, wie dass man auf sein Essen achten und sich gesund ernähren soll, und sie leben diese Werte und nicht die komplexen Regeln selbst.

**MARINA**

Die Feststellung, dass es unsere Religion länger gibt, ist wichtig. Das bedeutet nämlich, dass wir sehr viel mehr Zeit hatten, unsere Gesetze immer komplizierter zu machen. Darüber hinaus würde ich noch einen Faktor hinzufügen: Das Christentum und der Islam sind missionierende Religionen. Wir nicht. Wenn ich jemanden missionieren will, kommt es nicht so gut, wenn ich zu Westfalen hinkomme und sage: »Schließt euch meiner Religion an! Nur eure Schweine da, die dürft ihr dann nicht mehr essen. Nur noch Kühe. Aber ihr müsst sie auf spezielle Weise schlachten. Und ihr dürft sie keineswegs mit einer Sahnesoße essen. Cheeseburger? Vergesst es. Nach dem Verzehr von Fleisch müsst ihr sechs Stunden warten, bis ihr Milch esst, und wenn ihr aus Versehen mal beides auf einem Teller gehabt habt, dann ist das ein ganzes Ding…« Man kann sich vorstellen, dass für die Missionierung viele der Ecken und Kanten dem Marketing zum Opfer gefallen sind.

**Würde ich euch zum Essen empfangen, würde ich das in meiner Küche hinbekommen? Die Speisenauswahl bekommt man ja schon hin, aber in meinen Töpfen waren ja schon die unterschiedlichsten Gerichte…**

**ELIYAH**

Falls du jüdische, religiöse Gäste erwartest, empfehle ich, den Ofen 24 Stunden vorher gründlich zu reinigen und dann, wenn die Gäste kommen, ihn für 20 Minuten leer auf höchster Stufe einzuschalten. Nach dem Abkühlen ist er koscher. Jetzt kannst du mit koscheren Zutaten und mit Einweg-Aluminium-Schalen oder mit Glasschalen, denn Glas ist immer koscher, darin Essen zubereiten. Auch den Herd und manche Töpfe kann man »kaschern«, also für die Zubereitung von koscherem Essen vorbereiten, aber die Regeln dazu sind komplexer, und es kann passieren, dass die Gäste in der unangenehmen Situation sind, dass du dir viel Mühe gegeben hast und sie dann doch das Essen aus der mitgebrachten Tupperdose essen und deine Mühen verschmähen.

Besteck lässt sich kaschern, sofern es aus Metall und aus einem Stück ist, also kein Holzgriff oder Ähnliches hat. Dafür muss es gereinigt und komplett in kochendes Wasser, etwa aus einem Wasserkocher getaucht werden. Auch wenn die Umwelt es dir vielleicht übelnimmt, hier bietet sich Einweggeschirr an. Das gibt es ja auch in kompostierbarer Version. Zum Schneiden von Zwiebeln und Knoblauch ist es am einfachsten, ein neues kleines Küchenmesser zu kaufen. Das gibt es bereits ab einem Euro, und für diesen Zweck reicht es. Der Grund ist, dass man vor allem bei scharfen Lebensmitteln sehr vorsichtig mit dem verwendeten Geschirr sein muss. Eine kalte Kartoffel kann man auch mit einem »unkoscheren« Sparschäler schälen, wenn er ordentlich gereinigt wurde.

**Es gibt viele Bilder, bei denen der Tisch mit Alufolie abgedeckt ist. Ist das Schmuck, oder hat das einen anderen Hintergrund?**

**ELIYAH**

Diese Bilder stammen höchstwahrscheinlich aus der Zeit um Pessach. Auch unsere Küche erinnert jedes Jahr zu Pessach an ein Filmset für ein Science-Fiction-Film aus den 1950ern. Allerdings fechten wir nicht den »Krieg der Welten« aus, sondern den Krieg gegen alles Gesäuerte. Üblicherweise gilt bei Koscher die Regel: Wenn 1/60 oder weniger des Inhaltes eines Topfes nicht koscher ist, ist der ganze Topf dennoch koscher. Ich kann also aus Versehen (nein, nicht gewollt!) einen Tropfen Milch in einen Fleischtopf verlieren, und das Essen wird deswegen nicht unkoscher. An Pessach gilt diese Regel allerdings nicht für Gesäuertes, das wir »Chametz« nennen. Davon darf nichts das Essen berühren, selbst mikroskopisch kleines Chametz nicht. Und um das sicherzustellen, müssen alle Oberflächen in der Küche, die mit Essen in Berührung kommen, gekaschert werden, also gründlich gereinigt, bis sie koscher sind. Aber das ist abhängig vom Material nicht immer möglich, also deckt man diese Flächen an Pessach ab. Mit Plastikfolie oder eben Aluminiumfolie. (Siehe auch unter »Pessach« im Kapitel über die Feiertage.)

**Wieso entscheidet man sich dazu, koscher zu leben, sich also selbst einzuschränken bzw. sich an eine Lebensweise fest zu binden?**

**MARINA**

Es ist durchaus so, dass manche Einschränkungen der Freiheit dir eine größere Freiheit erlauben. Ich vergleiche das immer mit einem See, auf dem du Schlittschuh läufst. Und da sind Absperrungen, wo das Eis zu dünn wäre und du einbrechen könntest. Ja, theoretisch beschneiden sie deine Freiheit. Aber praktisch kannst du so viel freier Schlittschuh laufen. Im größeren Kontext ist das Binden an diese Gesetze auch das Annehmen einer Identität und das Sein in einer Gemeinschaft und eine Erfüllung von Gesetzen, die dir Sicherheit und Rückhalt bieten. So würde ich's für mich beschreiben.

**ELIYAH**

Das mit dem Schlittschuhlaufen ist ein schönes Bild. Ich beschreibe das immer gerne mit Flugzeugfliegen. Wenn man im Flugzeug sitzt, gibt man fast alle seine Rechte auf: Man darf nicht sitzen, wo man will. Man darf nicht aufstehen, wann man möchte. Man ist eingesperrt in eine kleine Aluminiumröhre. Und trotzdem ist Fliegen die größte Freiheit von allen, weil sie dich einfach so irgendwo hinbringt, wo du sonst nicht hinkommen könntest. Das heißt, die Einschränkung von Freiheiten kann dir neue Freiheiten eröffnen, genau wie du sagst. Das spüre ich am deutlichsten am Schabbat, wo die Einschränkungen mir die Freiheit schenken, in der schnelllebigen Welt einfach mal nichts zu tun. Das koschere Essen hat noch eine andere Dimension. Unsere Religion ist darauf ausgerichtet, in deinen Alltag komplett einzudringen. Dir immer einen Rahmen zu geben, innerhalb dessen du dich frei bewegst dann. Den Schlittschuhrahmen, wie du ihn beschrieben hast. Bei jedem Bissen, den ich esse, muss ich mir vorher überlegen, welche Bracha, also welchen Segensspruch, muss ich sagen. Wenn ich aufgegessen habe, muss ich überlegen, welche Bracha ich danach sage. Außerdem überlege ich, wie lange es her ist, dass ich Fleisch gegessen habe, wenn ich Milchiges essen will. Und wenn ich nicht gerade in Israel bin, wo sowieso fast alles koscher ist, muss ich mich fragen: Ist das denn jetzt koscher oder nicht? Und dadurch, dass ich eben bei dieser sehr profanen Sache wie dem Essen, das ja im Grunde nicht für meinen Geist, sondern für meinen Körper wichtig ist, diese spirituelle Komponente reinbringe, lebe ich einfach viel bewusster in meinem Judentum.

## Wie groß ist der Anteil praktizierender Jüd:innen in Deutschland?

**MARINA**

Das weiß man nicht genau, weil es dazu keine exakten Erhebungen gibt. Aber er ist eher klein. Das hat unter anderem etwas damit zu tun, dass die meisten Jüd:innen in Deutschland heutzutage, wie ich, Immigranten aus der Sowjetunion sind, die größtenteils ohne Religion aufgewachsen sind. In der Sowjetunion wurde jegliche Religion massiv unterdrückt, und bereits in den 1930ern waren viele Jüd:innen assimiliert. Viele jüdische Familien aus der Sowjetunion feierten keine jüdischen Feiertage, sondern nur die staatlichen. Wer, wie ich, zur Religion findet, für den ist es eine neue Welt, die man aus dem Elternhaus nicht unbedingt kennt. Und da 94 Prozent der Jüd:innen in Deutschland eben aus der ehemaligen Sowjetunion stammen, ist der Anteil praktizierender Jüd:innen entsprechend klein. Wenn ich mir meine Gemeinde in Münster ansehe, sind wir hier um die 800 Mitglieder. Es ist am Schabbat dennoch oft wechselhaft, ob man einen Minjan, also zehn Männer, zusammen bekommt.

**ELIYAH**

In Hamburg, wo es ja eine größere Gemeinde gibt, haben wir die mindestens zehn Männer für den Minjan zumindest am Schabbat immer zusammenbekommen. Aber von den Teilnehmern am Gebet hat nur ein Bruchteil wirklich Schabbat gehalten. Die meisten sind mit dem Auto gekommen, da es in Hamburg nur eine Synagoge gibt und viele von weit herkamen. Diesen Menschen ist es wichtig, am G'ttesdienst teilzuhaben. Sie glauben an G'tt, sind aber nicht religiös. Das trifft man sehr häufig. Auch in Israel gaben mal in einer Umfrage über 80 Prozent der jüdischen Menschen an, gläubig zu sein, aber weniger als 15 Prozent sind religiös.

## Warum tragen Männer eine Kippa?

**ELIYAH**

Männer tragen eine Kippa, um Demut gegenüber G'tt zu zeigen. Damit man zwischen sich und G'tt im Himmel über einem eine Barriere baut, um sich selber nicht zu erhöhen. Es ist kein Gebot der Torah, eine Kippa zu tragen, und die Verortung von G'tt räumlich über einem ist auch nicht wirklich theologisch haltbar. G'tt ist überall und nirgends. Die absolute Pflicht, eine Kippa zu tragen, gibt es daher nur in der Synagoge aus Respekt vor den Gebräuchen des Hauses und auf dem Friedhof. Man kann anstelle der Kippa auch einen Hut tragen. Hauptsache, der Kopf ist bedeckt. Und das ist ein interessanter kultureller Unterschied zwischen Juden und Christen: Wenn Christen eine Kirche betreten, nehmen sie den Hut ab, und wenn wir die Synagoge betreten, setzen wir den Hut auf.

## Gibt es eigentlich Vorschriften, wie eine Kippa hergestellt werden muss?

**ELIYAH**

Die Kippa ist, wie eben beschrieben, ein »optionales Pflichtaccessoire« und wird von verschiedenen Gruppierungen im Judentum unterschiedlich getragen. Es gibt keine genauen Regeln, wie groß die Kippa mindestens sein muss und wie groß sie werden darf. Das Einzige, das ich mal gelesen habe, ist, dass sie so groß sein muss, dass man sie von drei Seiten sehen kann, wenn sie auf dem Kopf liegt. Es gibt Kippot, die handtellergroß sind, und solche, die wie eine Mütze den Kopf bedecken, vergleichbar mit der Takke im Islam. Verschiedene Gruppierungen innerhalb des Judentums nutzen die Kippa auch als eine Art Erkennungszeichen, um sich voneinander optisch zu unterscheiden. Es gibt die landläufige Meinung, dass Träger einer schwarzen Samtkippa religiöser sind als Träger einer gehäkelten Kippa. Letztere wird mit den Nationalreligiösen in Verbindung gebracht, aber auch andere tragen solche Kippot. Hier ist auch das Muster entscheidend. Aber die Grenzen sind fließend, und vor allem das Level der Religiosität lässt sich von der Kippa nicht ableiten. Die Samtkippa ist auch bei wenig religiösen Sefarden beliebt, und manch ein Häkelkippaträger ist tief religiös. Außerdem gibt es noch Kippot mit Motiven aus der Popkultur, Fußballvereinslogos und vieles mehr und solche aus Leder, Polyester oder sogar Einwegkippot aus Papier für Besucher der Kotel. Am Ende hat jeder seinen eigenen Grund für seine spezielle Kippa. Ein Rabbinerfreund von mir hat beispielweise alle Kippot strikt abgelehnt, die aus vier »Pizzastücken« zusammengenäht wurden, da sie ein Kreuz bilden. Es mussten für ihn mindestens fünf Teile sein. Ich persönlich trage eine komplett schwarze, gehäkelte Kippa. Ich habe sie aus Respekt vor meinen Rabbinern, die mich unterrichteten, gewählt, die alle schwarze

Samtkippot tragen, habe mich aber durch das Material davon gebührend distanziert. Außerdem trägt diese Kippa bei meiner Haarfarbe nicht so auf.

## Wann wird welcher »Hut« getragen (z. B. die aus Pelz), und wie werden sie bezeichnet? Wer trägt welchen?

**ELIYAH**

Der Pelzhut ist der sogenannte Schtreimel. Er wird nur am Schabbat und an Feiertagen getragen von einigen, aber nicht allen aschkenasischen, chassidischen Gruppen, die ihren Ursprung in Osteuropa haben. Diese Mützen sind sehr teuer. Sie werden auf der Kippa getragen als doppelte Ehrerbietung vor G'tt. Es gibt außer dem Schtreimel noch verschiedene Hüte, die üblich sind, und an Form und Machart erkennt man die jeweilige Gruppierung. Die chassidischen Männer von Chabad tragen etwa einen Fedora-Hut von Borsalino. Und nur den.

## Jüdische Männer haben so gelockte Strähnen an den Schläfen. Warum ist das so?

**MARINA**

Orthodoxe jüdische Männer schneiden die Haare auf ihren Schläfen nicht. Oft tragen sie sie dann gelockt, es gibt aber auch andere Frisuren. Diese Schläfenlocken heißen dann Peot. Das geht auf das Gebot zurück: »Ihr sollt nicht die Ecken eures Haupthaares schneiden« (ihr könnt nachlesen unter 3. Mose 19,27). Ich habe meinen Rabbi mal gefragt, was das soll. Er hat mich auf ein anderes Gebot hingewiesen, nämlich »Ihr sollt nicht die Ecken eures Feldes abernten.« Die Ecken des Feldes sollten stehen gelassen werden für die Bedürftigen. Man könnte also interpretieren, dass ein Mann, der Schläfenlocken trägt, ein frommer Jude ist und folglich auch die Ecken seines Feldes nicht aberntet: Bei ihm kann man sich versorgen.

**ELIYAH**

Männer zeigen damit auch, dass sie es mit der Befolgung der Gebote super ernst meinen. Es ist eigentlich nur verboten, sich die Haare im Gesicht mit einem Messer zu rasieren. Mit einer Schere und mit Elektrorasierern, die wie eine Schere funktionieren, ist es erlaubt. Daher trifft man ab und zu auch glattrasierte, religiöse Männer. Die Locken zeigen also schon von weitem an: An mein Gesicht kommt kein Messer! Aber nicht alle religiösen Richtungen lassen die Locken stehen. Nicht mal alle Chassiden, also »Ultra-Orthodoxen«. Ich selbst habe keine. Mein neunjähriger Sohn hat irgendwie eine verfrühte Rebellionsphase und hat darauf bestanden, sich Schläfenlocken wachsen zu lassen. Soll er doch. Ich brauche die nicht für meine Beziehung nach ganz oben.

## Was genau hat es mit dem »schwarzen Kästchen« und dem Band beim Gebet auf sich?

**ELIYAH**

Diese Kästchen nennen sich »Tfillin«, das kommt vom Wort »Tfilla«, was »Gebet« heißt. Auf Deutsch nennt man sie Gebetsriemen. Sie werden von Männern zum Morgengebet an Wochentagen angelegt. Falls man das vergessen haben sollte, kann man sie auch nachmittags anlegen. Die Arm- und Kopf-Tfillin sind komplett aus Leder gefertigt und enthalten Pergamentrollen mit dem »Schma«-Gebet aus der Torah, ein zentrales Gebet im Judentum, das auch das Anlegen dieser Tfillin befiehlt. Beide enthalten denselben Text, allerdings in der Kiste

*Diese Tfillin sind in Ra'anana in der Synagoge »Mischkan Ori« ausgestellt.*

am Arm an einem Stück und am Kopf in vier Rollen getrennt. Diese Pergamente sind handgeschrieben von einem Sofer, einem Schreiber, der sonst auch Torahrollen schreibt. Man steckt sie zum Transport in kleine Kästchen aus Plastik, verstärkter Pappe oder Metall, umwickelt die Kästen mit den Riemen und legt sie dann in eine kleine, bestickte Samttasche. Jeder Jude hat dabei seine eigene Wickeltechnik. Manche sticken ihren Namen auf die Tasche, auf meiner steht einfach »Tfillin«. Auf dem Foto kann man geöffnete Tfillin sehen, die noch nicht fertiggestellt sind. Raschi, einer der größten Torahgelehrten der Geschichte, der vor etwa 900 Jahren in Frankreich lebte und auf den sich jeder zweite Kommentator der Torah nach ihm bezieht, hat die Reihenfolge, in der die Torahabschnitte in den Tfillin angeordnet sind, in der heute von den meisten Juden akzeptierten Form festgelegt.

Es gibt auch unter orthodoxen Frauen Bestrebungen, Tfillin

anzulegen, da es ein zentrales Gebot aus der Torah ist. Halachisch, also religionsgesetzlich, spricht im Grunde nichts dagegen, denn Frauen haben zwar keine Verpflichtung, das Morgengebet zu sprechen, aber sie haben jedes Recht dazu. Die Töchter von Raschi sollen auch Tfillin getragen haben. Aber in den meisten orthodoxen Gemeinden ist das nicht akzeptiert. In manchen liberalen Gemeinden werden Tfillin generell kritisch gesehen, da sie aus Leder und Pergament gemacht werden und damit an das Tieropfer erinnern, das diese Strömung auch nach einer Erbauung des Dritten Tempels nicht wieder einführen will.

Im Kapitel Feiertage zum Feiertag Rosch Haschanah findet sich ein Foto von mir, wo ich Tfillin angelegt habe.

## Welche Bedeutung haben die Bänder am Gürtel? Und bekommt man die (als geborener Jude) mit einem bestimmten Ritual oder ab einem bestimmten Alter?

**ELIYAH**

Diese Bänder sind nicht am Gürtel, sondern am Tallit Katan, dem »Kleinen Gebetsschal«, angebracht. Sie heißen Zizit oder Schaufäden. Man steckt sie sich in den Gürtel, damit sie nicht wahllos herumfliegen. Jecken, also Juden aus Deutschland, tragen diese Schnüre in der Hose und zeigen sie nicht. Der Tallit Katan wird als Befolgung des Gebots aus der Torah getragen, das besagt, dass hellblaue Fäden an den Ecken von viereckigen Kleidungsstücken angebracht werden müssen, die tagsüber getragen werden. Dieses Gebot steht in demselben Gebet wie das zum Tragen der Tfillin, der Gebetsriemen. Der normale Tallit, der Gebetsschal mit den Schaufäden (siehe Bild zu Rosch Haschanah) wird daher auch zusammen mit den Tfillin zum Morgengebet angelegt. Das Gebot gilt nur für

Männer und nur für rechteckige Kleidung. Dazu zählt auch ein Poncho, also ein Rechteck mit Loch in der Mitte. Der Tallit Katan ist so eine Mischung aus Poncho und T-Shirt und ist ein Kleidungsstück, das man freiwillig anzieht, um das Gebot den ganzen Tag erfüllen zu können. Die Frage, die sich stellt, ist: Wenn in der Torah steht, diese Fäden sollen hellblau sein, warum sind sie dann weiß? Und warum gibt es Juden, die auch hellblaue Fäden tragen? Die Überlieferung, woraus die blaue Farbe gewonnen werden muss, existiert nur noch in Fragmenten. Um nicht die falsche Farbe zu verwenden, haben die Rabbiner beschlossen, keine Farbe zu nutzen. Allerdings hat man in Israel bei Ausgrabungen an verschiedenen Stellen und aus verschiedenen Epochen hellblaue Zizit gefunden, bei denen die Farbe eindeutig einer im Mittelmeer ansässigen Schnecke als Farblieferant zugeordnet werden konnte. Da sich diese wissenschaftliche Analyse mit den Fragmenten deckt, haben manche Rabbiner beschlossen, diese Farbe wieder für die Hälfte der Fäden zu verwenden. Ich persönlich bin bei weißen Fäden geblieben.

Diese Fäden sind verknotet, und wenn man den Zahlenwert (Gematria genannt) des Wortes Tfillin zu der Anzahl der Knoten addiert, kommt die Zahl 613 heraus. Das ist die Anzahl der Gebote aus der Torah, und diese Fäden sollen einen daran erinnern, die Gebote zu halten. Wer weiß, vielleicht kommt ja daher der sprichwörtliche Knoten im Taschentuch, um sich an etwas Wichtiges zu erinnern? Weil das so ist, versteckt man diese Fäden bei einem Friedhofsbesuch in der Hose. Man möchte die Toten, die nicht mehr in der Lage sind, Gebote zu erfüllen, nicht beschämen, indem man sie daran erinnert.

## Wie steht es im »modernen« Judentum um Gleichberechtigung und Emanzipation?

MARINA

Danke, eine sehr komplexe Frage. Wir könnten dazu ein gesondertes Buch schreiben. Es gibt im Judentum feministische Strömungen. Es gibt im liberalen Judentum auch Frauen, die die Torah lesen, und es gibt Rabbinerinnen. Gleichzeitig ist per Text die Geschlechtertrennung ziemlich eingemauert. Es gibt beispielsweise einen Satz, den die Männer beim Morgengebet sagen, den die Frauen nicht sagen: »Danke, dass Du mich nicht zur Frau gemacht hast.«

Diese Zementierung und Trennung der Geschlechterrollen wird in der Theologie sehr schmeichelhaft für die Frau ausgelegt: Sie gilt in ihrem Wesen von vornherein reiner als ein Mann. Sie ist deshalb nicht verpflichtet, viele der Mizwot, der Gebote zu erfüllen, weil sie G'tt bereits nähersteht.

So wird auch die Trennung nach Geschlecht in der Synagoge begründet. Warum müssen Frauen getrennt von Männern oben auf der Empore beten? Weil sie es leicht haben, in ein inniges Gebet zu finden, während Männer zu schwach seien und sich in Anwesenheit ihrer Frauen schämen würden, offen Gefühle zu zeigen.

Diese Begründungen erscheinen mir persönlich antiquiert, binär und erinnern an die patriarchale Überhöhung der Frau, mit dem Ziel, sie letztendlich in ihrer gesellschaftlichen Stellung zu halten. Darum sympathisiere ich selbst mit den feministischen Strömungen des Judentums. Die gibt es sowohl im Reformjudentum, wo es eine ganze feministische Theologie gibt, als auch innerhalb der orthodoxen Strömungen, wo man inklusivere Formen orthodoxer Gemeindepraxis innerhalb der halachischen Ordnung gemeinsam mit Rabbinern erarbeitet.

Das alles sind aber theologische Betrachtungen. Die allermeisten Jüd:innen in Deutschland sind nicht religiös und haben ähnliche Geschlechterbeziehungen wie der Rest der Gesellschaft auch. Nicht, dass wir da nicht viel zu arbeiten hätten.

**ELIYAH**

Feminismus ist eines der schwierigsten Themen in der Religion. Es gibt noch viel zu tun und noch viele, viele Möglichkeiten, die die Halacha erlaubt, wie man die Geschlechtertrennung aufweichen kann, die in vielen orthodoxen Gemeinden noch nicht genutzt werden. Aber die Trennung wird natürlich immer dableiben. Was für mich persönlich wichtig ist – auch wenn es keine Gleichberechtigung gibt in dem Sinne, wie sie eigentlich sein sollte –, dass es dennoch eine Gleichwertigkeit zwischen den Geschlechtern gibt, zumindest in den Gemeinden, in denen ich unterwegs bin. So rede ich mir die Geschlechtersegregation schön, und ihr dürft mir wirklich gerne widersprechen und sagen, dass es eine Gleichwertigkeit ohne Gleichberechtigung nicht geben kann. Und für nicht binäre Menschen wird es noch schwieriger, einen Platz zu finden. In den ultraorthodoxen oder den charedischen Gemeinden sieht es aber noch ganz anders aus. Wer die Serie »Unorthodox« gesehen hat, die zwar durchaus dokumentarisch die Herkunft der Autorin Deborah Feldmann beschreibt, aber nicht repräsentativ ist für das Judentum, wird einen falschen Eindruck bekommen, auch von der Rolle der Frau in der Religion. Denn das, was dort beschrieben wird, ist im Grunde ein gesellschaftliches Problem in der orthodoxen Welt und weniger ein originär jüdisches Problem.

Interessant ist, dass das Judentum verglichen mit der restlichen Welt lange Vorreiter war, was Rechte der Frauen angeht. So gab es im Judentum die Scheidung, was die Katholiken bis heute nicht so richtig hinbekommen haben, und es gibt sowohl den Tatbestand der Vergewaltigung in der Ehe als auch die Einsicht, dass das Gebot »Seid fruchtbar und mehret euch!« für Männer und nicht für Frauen gilt. Natürlich erfüllt sich das Gebot nicht ohne die Mitarbeit einer Frau, aber im Judentum darf man eine Frau nicht zwingen, schwanger zu sein oder zu werden, und selbst Abtreibung ist möglich, wenn das Leben, die Gesundheit oder die Psyche der Frau durch die Schwangerschaft gefährdet ist. Inzwischen sind diese Werte auch in der westlichen Welt angelangt und werden übertroffen. Wir Jüd:innen hinken jetzt hinterher.

## Wie ist es mit Homosexualität im Judentum, ist das ein Tabu?

**ELIYAH**

In der Torah, 3. Buch Mose (Leviticus), Kapitel 20, Vers 13 steht: »וְאִישׁ, אֲשֶׁר יִשְׁכַּב אֶת-זָכָר מִשְׁכְּבֵי אִשָּׁה–תּוֹעֵבָה עָשׂוּ, שְׁנֵיהֶם; מוֹת יוּמָתוּ, דְּמֵיהֶם בָּם.« Übersetzt heißt das: »Und wenn ein Mann bei einem Manne liegt wie bei einer Frau, haben beide einen Gräuel getan, sie sollen sicher sterben, ihr Blut soll auf ihnen sein.« Es klingt also nicht so gut für Homosexuelle im Judentum, und auch das Christentum bezieht sich auf diese Bibelstelle, wenn sie Homosexualität verteufelt.

Der Vers aus dem 3. Buch Moses lässt sich verschieden übersetzen. Die meisten Übersetzungen besagen, die beiden Männer sollen getötet werden. Aber das ist eigentlich verkehrt. Wenn man Exodus 31:15 im Vergleich sieht, in dem eindeutig die Todesstrafe für das Brechen des Schabbats geschrieben steht, dann steht dort im hebräischen Original »מוֹת יוּמָת« und nicht »מוֹת יוּמָתוּ«. Der Buchstabe Vav am Ende macht den Unterschied und zeigt, dass jede Übersetzung eine Interpretation ist. Meine Interpretation ist: Die Torah verlangt nicht, dass homosexuelle Männer getötet werden, sie prophezeit ihnen nur den Tod. »Sterben« meint im biblischen Sinn nicht nur den sofortigen Tod, sondern auch den Tod aller Nachkommen bis zur siebten Generation. Das war etwa die Strafe für Kain dafür, dass er seinen Bruder Abel erschlagen hat. Wir sind laut der Torah alle Nachkommen von Seth, dem jüngeren Bruder von Abel und Kain. Das wissen viele nicht. Dass ein schwules männliches Paar ohne Hilfe einer Frau keine Kinder bekommt, ist einleuchtend. Und sterben müssen sie auch, wie jeder Mensch, und so ist die Prophezeiung erfüllt. Aber angenommen, meine Übersetzung ist falsch und es ist eine Aufforderung zum Töten, dann haben die Sanhedrin schon vor Jahrtausenden die durch Menschen verfügte und verübte Todesstrafe abgeschafft. Nur G'tt selbst kann richten, und er hat bis in die siebte Generation Zeit, die Strafe zu vollziehen. Wir müssen und dürfen ihm dabei also nicht helfen. Dazu kommt, die Torah verbietet in dem Vers nicht die Liebe zwischen Männern, sondern nur den sexuellen Akt. Männer dürfen Männer heiß und innig lieben, nur nicht mit ihnen schlafen. Frauen werden gar nicht sanktioniert. Sie dürfen andere Frauen lieben und mit ihnen schlafen. Orthodoxe Rabbiner werden das zwar nicht erlauben, aber mit der Torah können sie ein Verbot nicht begründen. Wenn heute ein:e Jüd:in den Schabbat bricht, dann töten wir sie oder ihn nicht nur nicht, wie in Exodus 31:15 verlangt, sondern wir laden sie oder ihn zum nächsten Schabbat-Essen wieder ein. Dabei sagt die Torah unmissverständlich, dass so jemand zu töten ist. Bei einem Mann, der mit einem Mann geschlafen hat, ist die Torah in diesem Punkt mindestens missverständlich, wenn nicht sogar nachgiebig. Um wie viel nachgiebiger müssen wir also gegenüber einem schwulen Paar sein, wenn wir schon eine:n Schabbatbrecher:in ohne Wenn und Aber akzeptieren? Gesellschaftlich sind LGBTQ in Israel unter Nichtreligiösen akzeptiert, aber es gibt auch immer mehr orthodox-religiöse

Homosexuelle, die offen zu ihrer Sexualität und auch zu ihrem Lebenspartner stehen, und die Akzeptanz dafür steigt auch unter Religiösen.

## Wie unterscheiden sich ultraorthodoxe, orthodoxe, gläubige, praktizierende und kulturelle Juden?

**MARINA**

Wir sind da ein gutes Beispiel. Eliyah ist modern-orthodox, und ich bin nicht religiös, aber gläubig und kulturell Jüdin.

**ELIYAH**

Die nennen wir Masorti.

**MARINA**

Ich glaube, es gibt so viele Arten, die jüdische Religion zu leben oder nicht zu leben, wie es Jüd:innen gibt. Wahrscheinlich mehr, als es Jüd:innen gibt.

**ELIYAH**

Der wichtigste Unterschied ist, dass man Ultraorthodoxe äußerlich sofort erkennt und Modern-Orthodoxe wie mich eben nicht, solange ich meine Kippa verstecke. Und das, obwohl wir theologisch relativ nah beieinander sind. Ultraorthodoxe Menschen beten bei uns in der Synagoge, und wir beten bei ihnen, während ich in einer liberalen Gemeinde nicht beten würde, obwohl sie genauso aussehen wie ich und wir uns auch in gesellschaftlichen Fragen wie Gleichstellung der Geschlechter deutlich näher sind.

## »Normale« Jüd:innen und orthodoxe Jüd:innen: Wie sehen sich die beiden gegenseitig? Und gibt es noch weitere andere »Gruppen« (in Deutschland)?

**MARINA**

In Deutschland gehören die allermeisten Jüd:innen in sogenannte orthodoxe Einheitsgemeinden – so zum Beispiel auch die Gemeinde in Münster. Und dennoch sind die meisten in Deutschland lebenden Jüd:innen nicht orthodox. Es gibt ein paar orthodoxe Gemeinden in Deutschland, die man tatsächlich als solche erkennen kann und in denen orthodox praktiziert wird. Aber die allermeisten sind das, was in der Frage wohl mit »normal« gemeint ist. Ich glaube, die meisten sind einfach froh übereinander, dass wir da sind und dass wir leben. Spannungsfrei ist aber natürlich gar nichts.

**ELIYAH**

Es gibt eine innerjüdische Mission, die versucht, nicht religiöse Juden wieder zum religiösen Judentum zurückzuholen. Die bekanntesten Organisationen, die das weltweit tun, sind Aish HaTorah und Chabad. Aber im Grunde genommen akzeptiert man sich, wie man ist. Und auch diese Organisationen akzeptieren dich, wie du bist, selbst wenn du zehn Jahre lang jeden Freitagabend zum Schabbat-Essen kommst und danach mit dem Auto nach Hause fährst.

## Gibt es heute in Deutschland noch viele Jüd:innen, die die Torah wörtlich nehmen?

**MARINA**

Ich hoffe, Eliyah widerspricht mir hier, wenn ich falschliege. Meine Antwort wäre, dass die Torah nicht wörtlich genommen wird, zumindest der schriftliche Teil, weil ja zu dem Wörtlichnehmen noch die Auslegung gehört. Was ist beispielsweise der Grund, dass Juden Milchiges und Fleischiges trennen? Der liegt im Gebot: »Du sollst das Kalb nicht in der Milch seiner Mutter kochen«. Was definitiv ausgelegt werden muss. Viele der Geschichten aus der Torah werden auch nicht so verstanden, dass sie eins zu eins so passiert sind, sondern sie werden ausgelegt, und sie stehen als Metaphern für etwas. Sie erzählen davon, was wichtig ist. Was heilig ist. Was ein Irrweg ist.

**ELIYAH**

Ich muss dir hier leider widersprechen. Die Geschichten in der Torah werden in orthodoxen Kreisen als wahr angenommen. Die Geschichten um Avraham, Yitzchak und Jakov und wie sie nach Ägypten gegangen sind, wie Josef Pharaos Vize wurde und wie Moses sie aus Ägypten herausgeführt und das Meer gespalten hat, wird als wahre, tatsächlich sich so zugetragene Geschichte gelesen. Wörtlich, wie sie dort steht. Das Problem damit ist, dass nach der Torah die Erde gerade mal knapp 5800 Jahre alt ist. Die Wissenschaft kann ja durchaus nachweisen, dass die Erde dann doch etwas älter ist, und so landet man in einem Konflikt, wenn man religiös ist und dennoch Wissenschaft für evidenzbasiert hält. Ich persönlich sehe das dann so wie verschiedene Wahrheiten, die parallel existieren, wie zum Beispiel: Ist Licht eine Welle oder ein Partikel? Die Wissenschaft sagt: ja. Ist die Welt wenige Jahre alt oder viele Millionen, und ich sage: ja. Böse Zungen nennen das »Alternative Fakten«, ich nenne das eine Umschiffung des Problems.

Wenn es darum geht, wie die Gesetze zu interpretieren sind, wird es komplexer. Es gibt neben der schriftlichen Torah noch die mündliche Torah, die »Torah she-be-`al peh«, die erst Jahrhunderte später in Form von Streitgesprächen als Talmud niedergeschrieben wurde und die die Gesetze aus der schriftlichen

Torah erklärt und einordnet. Die schriftliche Torah verweist auch regelmäßig auf die mündliche. In der schriftlichen steht beispielsweise, dass wir jemanden, der oder die nicht Schabbat hält, umbringen müssen. Das machen wir aber nicht, und das haben wir eigentlich noch nie wirklich gemacht, denn die mündliche Torah sagt, dass das Töten von Leuten, die kein Schabbat halten, keine wirkliche Option ist, da dafür viele Voraussetzungen geschaffen werden müssten, die im wirklichen Leben normalerweise nicht vorkommen. Warum also steht es überhaupt in der Torah? Die Antwort ist, dass es einfach nur unterstreichen soll, wie wichtig es ist, Schabbat zu halten. Insofern hast du recht, Marina. Natürlich braucht man die Interpretation. Und die Interpretation bezieht sich in den meisten Fällen auf die mündliche Torah. Das Ergebnis sind dann Gesetzessammlungen wie der Kizzur Schulchan Aruch, der die Torahgesetze aus schriftlicher und mündlicher Torah kombiniert und für die tägliche Anwendung aufbereitet.

**Wer interpretiert die Torah?**
**Ein lokaler Rabbi, oder gibt es Rabbiner, die das für alle Juden auf der Welt interpretieren?**
**Gibt es so was wie allgemeingültige Interpretationen?**

**ELIYAH**

Es gibt eine Menge Bücher, die Gesetze festschreiben, wie der eben erwähnte Kizzur Schulchan Aruch. Es gibt aber auch Rabbiner, die den Status eines Posek haben, also Poskim sind und die Autorität haben, Entscheidungen zu treffen. Einer der berühmtesten Poskim ist der Rav Moshe Feinstein z"l, der entschieden hat, dass man Milch aus nicht jüdischer Produktion trinken darf. Die Begründung ist, dass die weltlichen Gesetze zur Überprüfung, dass Milch tatsächlich nicht gepanscht ist, zumindest in Amerika, wo er lebte, den jüdischen Gesetzen in der Strenge und der Art, wie das überwacht wird, in nichts nachstehen. Andere Rabbiner haben das dann auf andere, vor allem westliche Länder ausgedehnt. Deutschland gehört dazu. Wenn sich in einem Tanklastwagen voll Kuhmilch auch nur ein Glas Milch von einem anderen Tier, etwa von einem Schwein, befindet, dann schlägt das System Alarm, und der Tankinhalt wird weggeworfen. Jeder Tank wird überprüft, ausnahmslos. Damit wird es deutlich strenger gehandhabt als die jüdische 1/60-Regel, die besagt, dass Lebensmittel koscher bleiben, wenn weniger als 1/60 des Inhalts nicht koscher ist. Rav Moshe Feinstein hat aber noch viele andere Dinge entschieden, die in der modernen Welt auf uns zugekommen sind, vor allem Dinge im Zusammenhang mit Flügen und Elektrizität zum Beispiel. Die Entscheidung Milch betreffend ist insofern besonders, da sie nicht zwingend erforderlich war. Es gibt bis heute »Chalav Israel«, also Milch, die unter jüdischer Aufsicht gemolken wurde. Und so gibt es vor allem unter den Chassiden einige, die Rav Moshe Feinstein in dieser Entscheidung nicht folgen, aber akzeptieren, wenn andere es tun.

## In welchem Verhältnis stehen chassidische Juden zu Israel?

**ELIYAH**

Es gibt nicht »die« chassidischen Juden. Es gibt verschiedenste chassidische Gruppierungen, und auch innerhalb dieser sind die Meinungen verschieden. Die Chabad-Chassiden beispielsweise sind durchaus zionistisch. Nicht als Organisation, aber ich kenne keinen Chabadnik, der gegen den Staat ist. Im Gegenteil, in Chabad-Zentren auf der ganzen Welt wird der Unabhängigkeitstag für Israel gefeiert. Allerdings verweigern sie sich zionistisch geprägten Ergänzungen zur Liturgie. Mein Freund Rabbiner Bistritzky, der in Hamburg Landesrabbiner ist, stammt aus Israel und hat dort in einer speziellen Einheit für Ultraorthodoxe seinen Militärdienst abgeleistet. Es gibt aber andere, die den Staat Israel strikt ablehnen und argumentieren, der Staat dürfe nur durch den Messias ausgerufen werden. Allerdings leben manche von ihnen ganz gut und auch auf Kosten der Mehrheitsgesellschaft in Israel. Sie leisten keinen Wehrdienst, zahlen kaum Steuern und respektieren den Staat und seine Gesetze nicht. Das ist ein echtes, gesellschaftliches Problem in Israel. Andere, die Israel ablehnen, wie etwa die Satmer-Chassiden aus New York, leben außerhalb Israels. Die lauteste antiisraelische chassidische Gruppe sind die Naturei Karta. Sie sieht man regelmäßig auf offen antisemitischen Demonstrationen als Token-Juden mitlaufen. Warum ausgerechnet linke Gruppen sich mit diesen misogynen, rückwärtsgewandten Menschen solidarisieren und als »wahre Juden« feiern, obwohl sie innerhalb der jüdischen Gemeinschaft überhaupt keine Rolle spielen, muss jeder für sich selbst beantworten.

## Messianische Juden – noch Juden oder schon Christen?

**ELIYAH**

Jude sein kann man nicht ablegen. Wer messianische:r Jüd:in oder »J4J« (Jews for Jesus) wird, ist weiterhin Jüd:in. Allerdings ist deren Religion nicht mehr jüdisch. Sie sind theologische Christ:innen. Das ist kein grundsätzliches Problem, denn wie wir schon mehrfach beschrieben haben, kann man Jude sein, ohne jüdischen Glaubens zu sein. Problematisch wird es erst, wenn diese Gemeinden Menschen zum »Judentum« konvertieren. Wer in eine J4J-Gemeinde als Nichtjüd:in konvertiert, ist Christ:in. Kein:e Jüd:in. Das wissen sie natürlich, und da ihr Ziel ist, Jüd:innen zu missionieren, kommt es immer wieder vor, dass tiefgläubige Christ:innen vor einem orthodoxen Rabbinergericht konvertieren, um dann von innen heraus missionieren zu können. Die katholische Kirche etwa lehnt Judenmission inzwischen strikt ab. Wenn mir ein:e Christ:in auf Social Media zu nah auf die Pelle rückt, springt mir mein Freund und Mönch Pater Nikodemus Schnabel zuverlässig zur Seite und weist diese Menschen sehr deutlich zurecht. Als J4J befinden sie sich aber außerhalb der Kirche und sind frei zu tun, was sie wollen.

# 3 Feiertage

In diesem Kapitel wollen wir nicht Fragen beantworten, sondern gemeinsam erzählen, wie wir jeweils die Feiertage begehen und was sie für uns bedeuten. Denn nach den Feiertagen wurden wir beide sehr häufig gefragt. Denkt euch also vielleicht vor jedem Feiertag die Frage: »Wie feiert ihr eigentlich …?«

Generell sei dazu gesagt, dass Eliyah der Religiöse von uns beiden ist und die Feiertage bei ihm eine größere Rolle spielen. Marina feiert nur einige davon, und auch das auf wahrscheinlich untypischere Art.

In Deutschland ist es generell schon mal schwieriger, die Feiertage zu feiern. Anders als in Israel steht während des Schabbats nicht das halbe Land still. Im Gegenteil. Wenn man, wie Marina, in der Lehrerfortbildung oder Politik aktiv ist, ist es schwer, den Schabbat zu halten. Alle Veranstaltungen sind am Wochenende. Noch mal erschwert wird es, wenn man in einer kleinen Gemeinde ist. Und noch schwerer in einer gemischtgläubigen Familie. Für Eliyah ist es kein Problem, denn die Feiertage sind staatlich, und kein Arbeitgeber hat Probleme mit religiösen Mitarbeiter:innen.

## Rosch Haschanah

**ELIYAH**

Im Spätsommer, im Monat Elul vor Rosch Haschanah, bereitet man sich spirituell auf die hohen Feiertage vor. Und dazu gehört, jeden Morgen nach dem Morgengebet den Schofar zu blasen. Das ist ein Instrument, geschnitzt aus dem Horn eines Widders, mit dem man laute Töne blasen kann. Und das ist gar nicht so einfach. Mir ist es sehr wichtig, diesen Klang zu hören, und ich gehe daher im Elul brav in die Synagoge. Ich nehme die Klänge des Schofars dann manchmal mit der Handykamera auf und spiele sie zu Hause meiner Frau vor, damit sie wenigstens indirekt die Töne hören kann, die das Volk Israel anrufen und zur Freiheit rufen. Im Jahr 2020 war das aufgrund der Corona-Pandemie nicht möglich. Die Synagogen waren geschlossen. Also bin ich in einen Judaika-Laden gegangen, der Dinge für den religiösen Bedarf führt, von Kippot über Bücher bis zu Kerzenständern, und habe mir einen Schofar gekauft. Und habe lange geübt. An Rosch Haschanah war unsere Synagoge coronabedingt im Notbetrieb. Frauen kamen überhaupt nicht, und auch nicht alle Männer hatten einen Platz. Ich kam also nach Hause und blies für meine Frau und die Nachbarn auf dem Nachbarbalkon den Schofar. Während des darauf folgenden, wohlverdienten Mittagsschlafs klopfte es plötzlich an der Tür. Zwei mir völlig unbekannte Frauen standen dort und sagten: »Wir haben dich vorhin so schön Schofar blasen gehört. Wir sind unten im Hof mit jemandem, der so gerne den Schofar hören will und im Rollstuhl sitzt. Kannst du kurz herunterkommen und für ihn blasen?« Ich zögerte kurz (auch in Israel gibt es Mittagsruhe, und der Schofar ist laut!), und dann kam ich mit runter. Das Hören des Schofars ist doch eine wichtige Mitzwa, ein Gebot! Ich erwartete einen alten Mann im Rollstuhl, aber ich fand einen jungen Mann Anfang zwanzig vor. Zwei Schläuche kamen aus seinem Kopf, der in einem Verband steckte, und die Schläuche endeten in einer Apparatur. Der junge Mann konnte kaum sprechen oder gehen. Ich kam auf ihn zu, und als er mich sah, bestand er darauf, gestützt zu werden und aufzustehen, während ich den Schofar blase. Und

*Eliyah trägt einen Tallit (Gebetsschal) mit Zizit (Schaufäden) und trägt am Arm und auf dem Kopf Tfillin (Gebetsriemen) und bläst Schofar (Horn).*

ich blies für ihn, und mir kamen dabei die Tränen. Die Rituale unserer Religion mögen Außenstehenden vorkommen wie mechanisch abgespult, immer und immer wieder. Jedes Jahr und jeden Tag. Doch sie sind uns sehr wichtig, und man merkt es dann besonders, wenn die Umstände es schwer machen.

Rosch Haschanah heißt übersetzt »Kopf des Jahres«, und wir Jüd:innen wünschen uns daher ein frohes neues Jahr bereits im Spätsommer. Laut den Rabbinern ist das der Tag, an dem G'tt die Erde fertiggestellt hatte in der siebentägigen Schöpfungsgeschichte. Die Jahreszahlen werden auch von diesem Tag an gezählt, und im hebräischen Kalender ist 2021 das Neujahr der 7. September und läutet das Jahr 5782 ein. Ja, so jung ist die Erde. Wirklich! (Oder auch nicht, siehe die Frage zum Wörtlichnehmen der Torah weiter oben.)

Ich lebe ja in Israel, und hier feiern wir die Feiertage einen Tag lang, während außerhalb Israels alle Feiertage bis auf Jom Kippur zwei Tage lang gefeiert werden. Rosch Haschanah ist da anders: Das wird auch in Israel zwei Tage gefeiert.

Wenn ich mit Menschen aus Deutschland spreche und sie fragen, was sie mir wünschen sollen, dann sage ich: »Wünscht mir einfach ein frohes neues Jahr!« Und wenn dann der 1. Januar kommt, winke ich ab: Neujahr ist doch schon etwa vier Monate her!

**MARINA**

Honig, Äpfel, süßer Wein – an Rosh Haschanah genießen wir alles, was süß ist. Das soll unsere Hoffnung auf ein süßes neues Jahr symbolisieren. Für die Synagoge kleiden wir uns an diesem Tag üblicherweise ganz in weiß. Allein das macht bei uns in der Diaspora schon ein starkes Gefühl von Feiertag, Gemeinschaft und einer gewissen Frische. Da nach dem Glauben an diesem Tag die Namen in die Bücher des Lebens geschrieben werden, ist die kommende Woche eine gute Gelegenheit, über sich und seine Handlungen zu reflektieren: Was habe ich im letzten Jahr gut gemacht? Was schlecht? Wo bin ich hinter meinen moralischen Ansprüchen zurückgeblieben? Auch wenn man nicht die religiöse Frage nach der Sünde stellt, ist eine solche umgeblätterte frische Seite im Leben ein guter Punkt, über sich selbst nachzudenken auf dem Weg, ein etwas besserer Mensch zu werden. Ich nutze die Feiertage dafür. In meinem Heimatland, der Ukraine, hat der Präsident Rosh Haschana übrigens zum Feiertag erklärt.

## Jom Kippur

**ELIYAH**

Der höchste Feiertag im jüdischen Kalender ist der Schabbat. Der Samstag, der jede Woche wiederkommt. Der allerhöchste, und meine Deutschlehrerin aus der Grundschule verzeihe mir bitte den super-Superlativ, ist der Jom Kippur. Es ist der »Schabbat der Schabatte«. Am Schabbat isst man ein festliches Mahl. Am Jom Kippur fastet man dagegen. Wir essen und trinken nichts für 25 Stunden. Es ist der Tag, an dem wir um Vergebung aller Sünden bitten, und mit dem Fasten zeigen wir, dass wir das ernst meinen. Ablasshändler hassen diesen Trick!

In Israel hat dieser Tag seit dem Jom-Kippur-Krieg 1973 auch eine säkulare Bedeutung. Und so ist es nicht verwunderlich, dass an diesem Tag niemand in den jüdisch besiedelten Gebieten Israels Auto fährt. Das Land steht still. Die Fernseh- und Radiosender schweigen, der Flughafen ist geschlossen, der Luftraum gesperrt. Und die Straßen gehören den Kindern auf Fahrrädern. Meine haben sich dabei regelmäßig auf die Fresse gelegt. Insofern ist es gut, dass zumindest Krankenwagen und Polizeiautos noch fahren.

**MARINA**

Ich darf aus gesundheitlichen Gründen nicht fasten, verbringe Jom Kippur aber dennoch persönlich mit Einkehr. Der Tag tut weh! Denn ich muss an diesem Tag sehr ehrlich zu mir sein und aussprechen, wo ich gefehlt habe. Zum Beispiel: Wo habe ich über eine Person gesprochen statt mit ihr? Wo habe ich Böses in jemandem gesehen oder gar gesucht? Wo war ich egoistisch? Man findet ja immer eine Menge. Um Vergebung bitten ist deshalb ein schmerzhafter Prozess. Gleichzeitig bleibt die Welt in Deutschland nicht stehen, so dass ich mir für diese Einkehr durch Urlaubstage und Rücksicht meiner Familie Raum schaffen muss.

## Sukkot

**ELIYAH**

Das Laubhüttenfest ist ein Fest, zu dem wir eine Sukka, eine Laubhütte, bauen und darin eine Woche leben. Die Pflicht besteht aber nur für männliche Juden ab 13 Jahren. Sie darf kein geschlossenes Dach haben, und das kann doch sehr ungemütlich werden. Als ich noch in Deutschland gelebt habe, hat es regelmäßig aus Kübeln geregnet, und wir waren froh, dass »darin leben« ein sehr dehnbarer Begriff ist. Manche Juden campen tatsächlich in ihrer Sukka und übernachten darin, andere, so wie ich, nehmen dort nur ihre Mahlzeiten ein. Und auch nur dann, wenn sie Brot oder andere Getreideprodukte enthalten. Oder Wein. Das ist die Mindestanforderung, und daher haben koschere Restaurants zu Sukkot auch eine Sukka. Ich erinnere mich, dass in Hamburg ein koscheres Café mangels Platz zu Sukkot einen Autoanhänger auf einen Parkplatz an der Straße gestellt hat, auf dem eine Sukka stand. Dort konnte man dann als religiöser Jude sein Croissant essen.

Leider hatten wir bisher in Israel mit unseren Wohnungen Pech mit den Balkonen. Sie sind nicht »Sukka-fähig«, das heißt, sie sind überdacht, etwa vom Balkon darüber. Wenn man Wohnungen sucht, dann ist das eines der Features der Wohnung, die in Immobiliensuchmaschinen angegeben werden: »3-Zimmer-Wohung, 90qm, 2. Stock, mit Parkplatz, Sukka-Balkon, Sonnentherme und Fahrstuhl, 6000 Schekel Miete«. Unser Balkon ist zwar schön, aber nicht Sukka-geeignet, und daher steht unsere Sukka auf dem Parkplatz im Hof. Den hat unsere Wohnung dann doch.

## Simchat Torah

**ELIYAH**

Wer mal richtig Party erleben will, der muss an Simchat Torah, dem »Torahfreudenfest«, in eine Synagoge gehen. Abends und morgens wird getanzt und gesungen und in manchen Gemeinden dabei auch gesoffen. Man tanzt mit den Torahrollen durch die Synagoge, und in Hamburg hat der Vorbeter immer Wodka ausgeschenkt bei jeder Runde um das Lesepult. Jeden Schabbat lesen wir einen Teil aus der Torah, und an Simchat Torah sind wir damit durch und fangen von vorne an.

**MARINA**

Simchat Torah ist mir ein sehr sympathisches Fest, weil unser Rabbi, als er noch in Münster war, immer noch bessere Laune hatte als ohnehin schon. Generell sind die Lesungen dieser Wochenabschnitte für mich eine spannende Angelegenheit. Denn über das Gelesene wird jeden Schabbat nach dem G'ttesdienst diskutiert und debattiert. Diese intellektuelle Herausforderung beim Erhalten eines heiligen Texts macht für mich das Judentum stark aus. Für mich hat also »die Freude der Torah« die Bedeutung, diesen Ritus ihrer Lesung wertzuschätzen.

## Pessach

**ELIYAH**

Oh, ich hasse Pessach. Es ist ein sooo komplizierter Feiertag. Man darf kein gesäuertes Brot oder sonst gesäuerte Dinge essen oder gar besitzen. Man verkauft also sein ganzes Essen, das man nicht rechtzeitig essen kann, an eine:n Nichtjüd:in, und die Küche wird mit Alufolie eingepackt, bis sie wie ein Raumschiff aus einem Film aus den 1950ern aussieht. Dann isst man Mazza, dieses schreckliche Brot, das den Namen Brot nicht verdient. Es sind Cracker in unlecker. Damit man die aber trotzdem gerne isst, muss man vor dem Essen am Pessach-Abend etwa zwei Stunden irgendwelche religiösen Texte lesen, bis man endlich, endlich essen darf. Dann ist man so hungrig, da schmeckt sogar Mazza richtig gut.

Trotz all dem ist Pessach zwar nicht der höchste, aber der wichtigste Feiertag im jüdischen Kalender. Er stellt die Geburtsstunde des jüdischen Volkes dar und feiert den Auszug aus Ägypten in die Freiheit. Die Geschichte kennt wohl jeder: Böser Pharao, zehn Plagen, Auszug, Moses spaltet das Rote Meer, und ein brennender Busch ist immer dabei. Und das Thema Freiheit macht ihn mir dann trotz des ganzen Ärgers in der Küche zu einem meiner liebsten Feiertage. Und danach sage ich immer »War schön und schön, dass es war.«

**MARINA**

In meiner größeren Familie wird Pessach gefeiert, und das ist der Zeitpunkt, an dem wir uns Geschichten über das Volk Israel erzählen. Traditionell fragt das jüngste Kind (das ist derzeit meine Tochter): »Was unterscheidet diese Nacht von allen anderen Nächten?« Gefolgt wird die Frage üblicherweise mit vier Fragen nach den speziellen Merkmalen des Mahls (»Warum essen wir heute ungesäuertes Brot?«, »Warum essen wir heute nur Bitterkraut?« usw.) Bei uns wird diese Frage gefolgt von einem Schwall weiterer Fragen, und ich muss die Geschichte des Auszugs aus Ägypten ungefähr fünfzehnmal erzählen (ähnlich Chanukka).

Ich denke, ich habe inzwischen herausgefunden, warum wir an Pessach ungesäuertes Brot essen. Angeblich sei es eine Erinnerung daran, wie das Volk Israel sein Brot nicht säuern konnte. In Wirklichkeit aber wird das mit der schweren Verfügbarkeit von Mazzot in der Diaspora zu tun haben.

Wer seine Mazzot nicht mindestens eine Woche vorher vorbestellt, kriegt einfach keine mehr. Jedenfalls gilt das für Städte mit kleinen Gemeinden. Am Vortag des ersten Pessach des Corona-Lockdowns stand also plötzlich ein wildfremder Mann vor meiner Haustür und sagte auf gebrochenem Deutsch: »Entschuldigung, ich bin Ihr neuer Nachbar, ich bin oben drüber eingezogen. Ich habe Ihre Mesusah* gesehen und wollte fragen, ob Sie wissen, wo man in der Stadt Mazzot herbekommt.« Ich habe sehr laut angefangen zu lachen über die Aussichtslosigkeit seines Unterfangens, ihm welche von meinen abgegeben und ihn für nächstes Jahr zum Essen eingeladen. Schon waren wir als Jüd:innen in der Diaspora miteinander vernetzt.

## Schavuot

**ELIYAH**

Käse! An Schavuot, dem »Wochenfest«, essen wir Käse. Gerne auch als Käsekuchen und in Aufläufen.

**MARINA**

Kontext: Es ist das jüdische Erntedankfest. Sieben Wochen nach dem Auszug aus Ägypten (siehe Pessach) bekam das Volk Israel von G'tt die Torah. Übrigens geht es um das *zweite* Mal, dass Moses die Steintafeln mit den Geboten auf dem Berg Sinai erhalten hat. Die ersten Steintafeln hat er aus Wut über das Goldene Kalb zerbrochen. Es ist schön, dass es Sicherungskopien gab.

* Eine Kapsel, die am Pfosten der Eingangstür einer jüdischen Wohnung angebracht wird, mit einem beschrifteten Pergament darin, auf dem das »Schma Israel« steht.

**ELIYAH**
Und weil es das Fest ist, an dem wir die Torah bekommen haben, feiern wir das auf eine ganz besondere Weise: Wir lernen. Jede Gemeinde organisiert Lerngruppen, und die ganz Tapferen lernen bis zum Morgengrauen durch. Wenn man Schavuot in Jerusalem verbringt, kann man im Jüdischen Viertel die ganze Nacht von Synagoge zu Synagoge pilgern und klugen Vorträgen von Rabbinern und Rebbetzin lauschen. Einfach so, ohne Anmeldung und Eintritt. Denn Geld zu benutzen ist an Feiertagen verboten. Und wenn man zu den Tapferen gehört, betet man zu Tausenden in den ersten Sonnenstrahlen das Morgengebet an der Kotel. Oder man schaut dabei zu.

## Schabbat

**ELIYAH**
Wöchentlicher digital detox, das ist Schabbat. Und Zeit mit der Familie, die sie nicht mit dem Smartphone, dem Computer und dem Rest des Lebens teilen muss. Was viele nicht wissen: Am Schabbat ist nicht das Arbeiten per se verboten, so darf etwa ein Rabbiner am Schabbat in der Synagoge als Teil seiner Aufgabe eine Predigt halten oder ein Caterer Essen servieren. Es sind vielmehr 39 verschiedene Arbeiten verboten. Dazu zählen Feuer machen, Kochen, Auswringen, Sortieren, Nähen und 34 andere. Elektrisches Licht schalten zählt auch dazu, obwohl in der Torah überhaupt keine Elektrizität beschrieben wird. Als sie entdeckt wurde, war den Wissenschaftlern (Wissenschaftlerrinnen gab es damals leider kaum) mehrheitlich nicht klar, womit sie es zu tun hatten. Sie hielten dieses Zauberdings für eine Art Flüssigkeit. Daher kommt auch der Name »Strom«. Auch die Rabbiner folgten dieser Auffassung, und mit Flüssig-

keiten hantieren ist nach den 39 beschriebenen Arbeiten nicht verboten. Flüssigkeiten erzeugen üblicherweise keine Blitze und entzünden keine Feuer, und auch die weltlichen Gelehrten kamen von der Idee mit der Flüssigkeit ab. Daher ist das Schalten von Stromkreisen heute rabbinisch verboten. Auch aus einem zweiten Grund: Zu den 39 Arbeiten gehört auch »der letzte Hammerschlag«, also das Vollenden von einer Arbeit. Ein Schalter schließt einen Stromkreis, vollendet ihn also. Und das ist auch der Grund, warum es heute Rabbiner gibt, die LED-Licht (nach dem Trafo) zu schalten erlauben. Denn eine LED unterbricht den Stromkreis.

Ich bin aber sehr dankbar für diese rabbinische Entscheidung mit Weitsicht. Denn wäre Strom erlaubt, würde das mit dem digitalen Detoxen nicht funktionieren, und ich würde auch am Schabbat auf Twitter das Weltgeschehen kommentieren.

**MARINA**

Selbst für eine chaotische, spontane, wurzellose und kreative Person wie mich sind Rituale wichtig – vielleicht sogar besonders wichtig –, um Ruhe und Erdung zu finden, um G'tt zu gedenken, dankbar zu sein und meinen Weg zu sehen.

Als ich nach Münster gezogen bin, habe ich den Schabbat stets als Feiertag begangen. Er strukturierte meine Woche, er gab mir Pausen, und er erlaubte mir, über das Judentum zu lernen. Denn ich besuchte nicht nur jeden Freitag den G'ttesdienst, sondern nahm mir den Schabbat auch, um zu lesen.

Als ich in die Politik ging, hörte ich auf, Schabbat zu halten. Ich ging immer seltener in die Synagoge, und die meisten Regeln konnte ich gar nicht einhalten: Wer im Vorstand einer 13-Prozent-Partei ist, kann nicht auf sämtliche Freitags- und Samstagsveranstaltungen verzichten. Das ist ein strenges Entweder-oder. Es ging also in die Brüche, und eine Weile war es notgedrungen ein Tag wie jeder andere.

Inzwischen halte ich den Schabbat wieder. Noch nicht in aller Konsequenz – das fällt schwer. Aber ich versuche es, und ich werde besser. Ich habe es eher aus Notwehr wieder angefangen. Ich brauche diese Pause. Für meine Gesundheit, für meine Seele, für meine Beziehung zu dem, woran ich glaube. Ich schalte mein Handy also aus, lehne nach Möglichkeit alle Veranstaltungen ab, bin für meine Familie da und erhole meinen Geist. Vorher, am Freitag, machen wir alle gemeinsam das Haus sauber. Dann werden Kerzen angezündet, und wir essen. Wie sehr sich das alles nach Ende der Pandemie noch halten lässt, werde ich herausfinden müssen. Seien wir ehrlich. Schabbat halten und berufstätig oder ehrenamtlich aktiv sein ist in Deutschland bisweilen wirklich schwer vereinbar.

## Chanukka

**ELIYAH**

Chanukka ist das jüdische Fest, das vielen Deutschen ein Begriff ist. Das liegt an der zeitlichen und auch von den Ritualen her gesehenen Nähe zu Weihnachten, aber auch an dem von den Chabad-Chassiden eingeführten Brauch, riesige Chanukka-Leuchter in den Zentren der Städte der Welt aufzubauen. Dezember 2020 reihte sich auch Dubai in die Liste der Städte mit riesigem neunarmigen Leuchter im Stadtzentrum ein. Aber auch in Deutschland ist der Brauch relativ neu. Die Chanukkia am Brandenburger Tor steht dort erst seit 2003 jedes Jahr. Das aktuelle Modell gilt als die größte Chanukkia Europas. Im Jahr 2008 habe ich Rabbiner Bistritzky in Hamburg mitgeholfen, die erste Chanukkia an der Binnenalster aufzubauen. Die Stadt war einverstanden, aber den Strom wollte sie ursprünglich nicht stellen. Also fanden wir einen Sponsor für einen Generator, der aber nur kurz laufen durfte. Aber nachdem das erste

Mal geschafft war, sah die Hansestadt ein, dass ein sichtbares Zeichen des jüdischen Lichterfests eine gute Idee ist. Bürgermeister zünden seitdem medienwirksam die Kerzen an, und die Chanukkia ist jedes Jahr aufs Neue im Winter zu sehen.

Zu Hause zünden wir auch die Chanukka-Leuchter an. Aber in klein, und jedes Familienmitglied hat einen eigenen Leuchter.

Das Fest selbst ist ein niederer Feiertag, an dem normal gearbeitet werden darf. Er erinnert an den militärischen Sieg der Makkabäer über die Griechen im Jahr 160 v.u.Z. und die Wiedereinweihung des Tempels in Jerusalem, nachdem die Griechen ihn verwüstet hatten. Man isst in Öl gebratene Speisen, vor allem Berliner, um an das Wunder zu erinnern, dass im verwüsteten Tempel noch genau für einen Tag reines Öl übrig war, das dann acht Tage brannte, bis neues, reines Öl hergestellt werden konnte. Daher zünden wir acht Tage jeden Tag eine weitere Kerze auf dem Chanukka-Leuchter an. Ich finde es sehr schön, dass die Feier dem Öl gilt und nicht dem militärischen Sieg der zahlenmäßig unterlegenen Makkabäer. Denn den Krieg zu feiern ist angesichts der vielen Opfer, die er erfordert, fehl am Platz.

**MARINA**

Ich lebe in einer gemischtgläubigen Familie, und mein Mann, obwohl nicht wirklich Christ, lässt es sich aus purer Tradition nicht nehmen, Weihnachten zu feiern. Unser Kompromiss: unsere Chanukkia (wir haben traditionell nur eine) steht in einem Adventskranz. Je nachdem, wie die Daten der Feiertage auskommen, liegt mal der Adventskranz, mal die Chanukkia zahlenmäßig vorn. Das Kerzenentzünden habe früher ich mit dem Baby auf dem Arm gemacht, inzwischen macht meine Tochter das selbst. Jeden Tag eine Kerze mehr. Wir singen, und sie bekommt außerdem jeden Tag ein kleines Geschenk, wie eine Schokoladenmünze. Und jeden Tag soll ich ihr vom Wunder von Chanukka erzählen. Etwa viermal. Sie hört sich dann die Geschichte viermal hintereinander ganz geduldig an. Und fragt am nächsten Tag wieder. Generell ist jede Form von Feiertag und Gedenken bei uns viel, viel Erklären und Erzählen. Aber das ist schön.

## Purim

**ELIYAH**

Was den Deutschen der Karneval ist, ist den Juden Purim: Verkleidung, laute Feiern, viel Alkohol, Süßigkeiten für die Kinder. Aber hier enden die Parallelen auch schon wieder. Purim ist wieder einer dieser »Sie wollten uns töten, sie haben es nicht geschafft, lasst uns essen«-Feiertage. Das Besondere aber ist, dass wir das Buch Esther aus der Bibel lesen, das die Geschichte der jüdisch-persischen Königin erzählt, die es schafft, den persischen König dazu zu bringen, den bösen Haman daran zu hindern, alle Juden zu töten. Im gesamten Buch Esther kommt nicht ein einziges Mal G'tt vor, was es sonst in keinem der Bücher der Bibel gibt. Wenn wir die Geschichte in der Synagoge vorlesen, dann machen nicht nur die Kinder einen Höllenlärm, wann immer der Name »Haman« gelesen wird. Und jetzt ihr: Haman!!!

**MARINA**

Wo sich verkleidet wird, bin ich dabei! Purim ist mein Lieblingsfest. Nicht nur, weil es was von schüchternem Feminismus hat – immerhin wird eine Frau gefeiert. Sondern auch, weil es ausgelassen und fröhlich ist. Früher haben wir elaborierte Pläne geschmiedet, wie man Purim feiern könnte: zum Beispiel in einem Gemeindesaal, der im Las-Vegas-Style als Casino »Achaschwerosch« dekoriert werden sollte. Heute gestalte ich eher

Kostüme mit meinem Kind. Die taugen zur Doppelbenutzung an Karneval – weil mein Leben eben aus lauter Kompromissen besteht.

## Tu Bischwat

**ELIYAH**

Tu Bischwat ist in Israel wichtig für die Beurteilung, wie alt ein Baum ist, denn Früchte darf man erst nach drei Jahren von einem jungen Baum ernten. Daher ist das Neujahr der Bäume ein gemeinsamer Geburtstag für unsere hölzernen Freunde.

Bäume bekommen in der Torah eigene Rechte, fast wie Tiere und Menschen. Es ist etwa verboten, einen Fruchtbaum zu fällen, nur weil er in einem Krieg im Weg ist. Die Halacha, das jüdische Gesetz, interpretiert aus diesem Gebot das Verbot der Verschwendung und sinnlosen Zerstörung von Gegenständen, Häusern, der Natur und der Umwelt. Die entsprechenden Gesetze findet man im Deuteronomium, dem 5. Buch Mose, Verse 20:19–20.

Und dort mittendrin steht der merkwürdige Satz: »Ki Ha'adam Etz HaSsadeh.« Wörtlich übersetzt bedeutet das: »Weil der Mensch ein Baum im Feld (ist)«. Ich selbst fühle mich nicht wirklich wie ein Baum. Ich stehe nicht auf nur einem Bein und das ist auch nicht am Boden festgewachsen. Die wörtliche Bedeutung bringt uns also nicht weiter.

Die Kommentatoren der Torah haben diesem Satz über die Jahrhunderte große Aufmerksamkeit geschenkt. Ist er eher als eine Frage und nicht als Aussage zu verstehen? Sind die Baumfrüchte des Menschen die Kinder oder die Gedanken und das Wissen? Wenn man Bäume, die Früchte tragen, nicht fällen darf, andere aber schon, muss man sich eine:n neuen

Lehrer:in suchen, also den alten Lehrbaum »fällen«, wenn er keine Wissensfrüchte mehr trägt, von denen man lernen kann? Oder sind die Wurzeln der Intellekt und die Baumkrone der Kopf, der zum Himmel gewandt ist? Es gibt viele Sichtweisen auf diesen sonderbaren Satz.

Tu Bischwat ist also nicht nur ein Neujahr der Bäume, es ist auch für uns mal wieder ein Anstoß, sich mit uns selbst und unserer Umwelt zu befassen. Ist der Mensch ein Baum im Feld? Bin ich verwurzelt in meinem Intellekt, meinem Glauben, meinem Umfeld und in dieser Welt oder schwankt mein Kopf im Wind herum und ein kleiner Sturm wird mich entwurzeln?

Der Israelische Dichter Natan Zach hat seinen aus dem Holocaust gewachsenen Schmerz und den Satz »Ki Ha'adam Etz HaSsadeh« in ein wunderschönes, trauriges Lied verdichtet. Ich habe versucht, es auf Deutsch nachzudichten:

*Denn steht der Mensch wie ein Baum im Feld?*

Denn steht der Mensch wie ein Baum im Feld?
Der Mensch blüht auf, wie der Baum im Frühling
Genau wie der Baum, wird auch der Mensch gefällt
Und ich weiß doch auch nicht
wo ich schon war und wo will ich noch hin
wie ein Baum im Feld

Denn steht der Mensch wie ein Baum im Feld?
Er wirft die Arme wie ein Baum gen Himmel
Verkohlt wie ein Ast, wenn er im Ofen verbrennt
Und ich weiß doch auch nicht
wo ich schon war und wo will ich noch hin
wie ein Baum im Feld

Denn es steht der Mensch wie ein Baum im Feld!
Unstillbar ist sein Durst nach Wasser
Nach dem Leben in unserer vertrockneten Welt
Und ich weiß doch auch nicht
wo ich schon war und wo will ich noch hin
wie ein Baum im Feld

Ich liebte! Und ich hasste auch!
Ich habe so vieles probiert
Doch sie verscharrten mich
In der Erde
Es schmeckt so bitter und ich werd'
wie ein Baum im Feld
wie ein Baum im Feld

Das Lied mit der wunderschönen, melancholischen Melodie gehört zum allgemeinen Liedgut des nicht mehr ganz so jungen Israel. Es wird zu traurigen Anlässen im Radio gespielt und fast jeder Israeli kann es mitsingen. Es hat sich damit von seinem Dichter gelöst und lebt selbständig in den Herzen der Menschen. Und das ist auch gut so, denn Natan Zach hat später im Leben schreckliche, rassistische Dinge über sephardische Juden und Araber gesagt. Ja, ich trenne hier das Werk vom Künstler, genauer von dem, was aus dem Künstler im Alter geworden ist.

## Lag BaOmer

**ELIYAH**

Seit dem Jahr 2021 ist Lag BaOmer kein ausgelassenes Fest mehr. Jedes Jahr kommen Tausende, vor allem chassidische Juden in das Städtchen Meron im Norden Israels, um diesen eigentlich niederen Feiertag zu einer riesigen Party zu machen. Dort ist Rabbi Schimon Bar Jochai, auch Raschbi genannt, beerdigt, der an LagBaomer seinen Todestag hat. Und wo viele Menschen auf engem Raum sind und Veranstalter und Verantwortliche in den Behörden seit Jahren nicht auf Warnungen hören, da passiert irgendwann ein Desaster. Ähnlich wie bei der Loveparade 2010 in Duisburg saßen Menschen in der Falle, und 45 von ihnen wurden totgetrampelt, das jüngste Opfer war 13 Jahre alt.

Und dabei ist Lag BaOmer in einer Hinsicht mein Lieblingsfest: Ich halte mich strikt an die Trauerzeit von Pessach bis Lag BaOmer, und das ist der Tag, ab dem ich endlich wieder Tanzmusik hören und meine Haare und meinen verwilderten Bart schneiden darf. Denn an dem Tag endete die Plage, die Abertausende Schüler von Rabbi Akiva dahinraffte. Raschbi war einer davon.

## Tu Be'Av

**ELIYAH**

Was der Welt der Valentinstag ist, ist den Juden Tu Be'Av. Der Feiertag im Sommer wird gerne als Tag für Hochzeiten gewählt. Ich selbst feiere den nicht. Meine Frau Jenny hat sich zähneknirschend damit abgefunden, dass ich nie daran denke, ihr an diesem Tag Blumen zu schenken.

## Rosch Chodesch

**ELIYAH**

Der jüdische Kalender ist ein Lunisolarkalender, das bedeutet, die Monate dauern von Neumond bis Neumond und das Jahr eine Umdrehung der Erde um die Sonne. Damit das aufgeht, fehlen etwa elf Tage nach zwölf Monaten, also bekommen wir in etwa alle 2,5 Jahre einen Schaltmonat dazu. Klingt kompliziert, ist es auch. Der Kalender ist aber erstaunlich genau, was die durchschnittliche Länge des Jahres verglichen mit der tatsächlichen Jahreslänge angeht. Der Gregorianische, nach dem wir alle leben, auch in Israel wohlgemerkt, ist nur wenige Minuten genauer.

Und weil der Kalender Neumonde nutzt, feiern wir diesen Tag auch mit einem etwas längeren Gebet. Bevor der Kalender vor etwa 1400 Jahren festgeschrieben wurde, war er ein Beobachtungskalender. Das heißt: Jemand erkannte den Neumond am Himmel, meldete dieses Ereignis nach Jerusalem zum Tempel, und dort wurde der »Rosch Chodesch« von den Priestern verkündet. Da die Feiertage nach dem jüdischen Kalender gefeiert werden, legt der Neumond fest, an welchem Tag genau ein Feiertag gefeiert wird. Die Priester im Tempel durften dafür den Monatsanfang auch mal um einen Tag schieben, damit Jom Kippur nicht auf einen Freitag fällt. Das wäre nämlich sehr unpraktisch. Das ist der Grund, warum auch heute der muslimische Monatsanfang und der jüdische fast immer zusammenfallen, nur am Neumond vor Jom Kippur manchmal nicht.

## Sigd

**ELIYAH**

Sigd ist ein Tag, der ausschließlich von äthiopischen Juden begangen wird. Es ist ein Fasttag ähnlich wie Jom Kippur und wird genau 50 Tage nach diesem begangen. Die äthiopischen Juden verließen Israel vor der Erbauung des Zweiten Tempels und lebten seitdem abgeschieden vom restlichen Judentum. Sie kannten also nicht die Feiertage Purim und Chanukka, die erst entstanden, nachdem sie Jerusalem verlassen hatten. Dennoch ist es erstaunlich, wie viele Traditionen offenbar so weit zurückreichen, dass sie bis heute gleich geblieben sind. Mein Freund Alevel ist als Kind aus Äthiopien nach Israel gekommen, größtenteils zu Fuß. Seine Geschichte ist unglaublich und von Tod und Strapazen geprägt. Wenn ich das mit meiner Einwanderung vergleiche, versinke ich in tiefster Demut. Ich wurde mit einem Flugzeug hergeflogen und bequem mit einem Taxi vom Flughafen abgeholt. Alevel und ich trafen uns als Kollegen in einem Hightech-Unternehmen, und alleine das ist unglaublich, denn wir haben in etwa dasselbe Alter, und er hat beruflich Ähnliches erreicht wie ich. Mit dem Unterschied, dass er, bis er zwölf Jahre alt war, ein Analphabet war und ich derweil durch das Gymnasium in Deutschland gegangen bin. Heute liest und schreibt er Amharisch, Hebräisch und Englisch, drei verschiedene Schriften und Sprachen. Bis ich ihn traf, hatte ich im Grunde überhaupt keine Ahnung von den Bräuchen der äthiopischen Juden. Er hat mir mal ein Video gezeigt, wie in dem Dorf, aus dem er stammt, zu Pessach Mazza gebacken wird. Die Architektur der Häuser, die Kleidung der Menschen, die Klänge ihrer Musik, das ist alles afrikanisch, aber die Mazza ist eindeutig jüdisch. Es gibt einen Spielfilm über die Rettung der äthiopischen Juden, der auf wahren Begebenheiten basiert. Ich traf eine Mossad-Agentin, die eine tragende Rolle bei der Operation gespielt hat: Eine deutschstämmige Israelin. Sie sagte, dass diese Jüd:innen ihnen sehr fremd waren und sie nicht sicher waren, ob sie tatsächlich Juden sind. Sie wussten nur, dass sie dem sicheren Tod, einem Genozid, entgegensahen, weil sie als Juden gesehen wurden, und daher brachen sie trotz der Zweifel von Israel aus auf, um sie zu retten. Als sie aber auf einem Schlauchboot über das Rote Meer schaukelten und eine Frau sich panisch vor Angst an das Bein des Steuermanns klammerte und rief

»Schma Israel! A-donai Elo-heinu! A-donai echad!«, da waren die Zweifel verschwunden. Dieses Gebet, das Schma, das in den Kapseln der Tfillin, der Gebetsriemen, steht, ist das Stoßgebet einer:s Jüd:in in Lebensgefahr. Der Film heißt übrigens »Red Sea Diving Resort«, und ja, das ist eine Empfehlung, ihn anzusehen. Die Geschichte darin ist wahr, auch wenn Details dramaturgisch für einen Spielfilm angepasst wurden.

Doch zurück zu Sigd. Der Grund für diesen Feiertag ist, dass die Juden in Äthiopien der Meinung waren, dass sie sich die Rückkehr nach Jerusalem noch nicht spirituell verdient hätten und durch einen besonderen Fasttag G'ttes Wohlwollen erbitten, ihnen die Rückkehr zu ermöglichen. Dieser Fasttag war für sie Zeichen der Verheißung und der Hoffnung, eines Tages nach Jerusalem zurückzukehren. Und sie bewahrten diese Hoffnung über Jahrtausende. Sie träumten von einem heiligen Jerusalem, geprägt von Weisheit und Nächstenliebe. Das wirkliche Jerusalem von heute hielt diesen Vorstellungen nicht stand. Der Tempel ist zerstört, Weisheit und Dummheit regieren gleichzeitig, und Nächstenliebe und Hass bestehen nebeneinander, oft in derselben Person. Und anders als die Mossad-Agent:innen, die vom Sudan die Seebrücke nach Israel bauten, behielten viele Israelis ihre Zweifel an der Jüdischkeit der Neuankömmlinge aus dem tiefen Afrika. Sigd konnte also trotz der Ankunft im Gelobten Land nicht abgesagt werden. So begehen sie den Fasttag weiter und treffen sich dafür auf der Promenade Armon HaNatsiv (Commissioners Palace) im Jerusalemer Stadtteil Kiryat Moria, von wo aus man einen freien Blick auf die Altstadt und den Felsendom hat.

## Tisha Be'Av

**ELIYAH**

Der Jüdische Kalender kennt zwei Fasttage, die 25 Stunden von kurz vor Sonnenuntergang bis kurz nach Sonnenuntergang am nächsten Tag jegliche Aufnahme von Nahrung oder Flüssigkeiten verbieten: Jom Kippur und Tischa Be'Av. Letzterer ist ein Trauertag und wird entsprechend begangen. Abends in der Synagoge liest man die »Eicha« (Klagelieder), die so schrecklich sind, dass manche Bücher von Stephen King dagegen wie Kinderbücher wirken. Der Tag selbst ist aber ein Arbeitstag und wer fastet, nimmt sich, wenn möglich, Urlaub. Er gilt als der traurigste Tag im Kalender und erinnert hauptsächlich an die Zerstörung beider Tempel in Jerusalem, aber nicht nur, denn an diesem Tag sind viele schreckliche Dinge in der Geschichte der Juden passiert. Dazu gehören die Inquisition in Spanien und der Beschluss der »Endlösung« am 23. Juli 1942. Dieser Tag hat daher eine Bedeutung, die weit über das historisch-religiöse hinausgeht.

## Alle anderen Fasttage

**ELIYAH**

Es gibt viele Fasttage im Kalender. Meine Frau hat an einem davon Geburtstag, was als besonderer Segen gilt. Sie erinnern meist an Begebenheiten, wo G'ttes Hilfe zur Rettung der Juden nötig war und er durch Fasten angerufen wurde. Diese Tage beginnen morgens vor Sonnenaufgang und enden abends nach Sonnenuntergang. In der Regel sind diese Fasttage weniger wichtig und mehr oder weniger freiwillig. Vor allem Frauen sind nicht religiös daran gebunden, sie zu halten. Die Fasttage im Winter sind dadurch natürlich deutlich kürzer als die im Sommer. Da ich so ungern faste, stehe ich tatsächlich manchmal kurz vor Sonnenaufgang auf und trinke und esse noch schnell etwas Kleines und lege mich wieder schlafen.

## Jom HaShoa

**ELIYAH**

Am Jom HaShoa gedenkt Israel der ermordeten Jüd:innen des Holocaust. Eine Sirene erklingt, und alle halten kurz inne, selbst Autos auf Schnellstraßen halten an. Im Fernsehen werden Trauerfeiern aus dem Yad Vashem (Holocaust Gedenkstätte in Jerusalem) und vom Rabin-Platz in Tel Aviv live übertragen. Fast jede Stadt veranstaltet eine eigene Trauerfeier, auf der die Geschichten von Überlebenden aus dem Ort erzählt werden. Ich versuche immer, auf eine solche Feier zu gehen. Dieses Jahr war es das erste Mal, dass die Geschichten bei uns in Ra'anana nicht von Überlebenden selbst, sondern von den Nachkommen erzählt wurden. Es gibt eben kaum noch Überlebende.

Ich betete eine Zeitlang jeden Morgen in der Synagoge das Morgengebet mit einem Überlebenden. Er starb, kurz bevor er auf solch einem Event seine Geschichte erzählen konnte, und so kam sie nur vom Band und auf Videoleinwand. Ich sah sein Gesicht, hörte seine Stimme und weinte. Er hatte mich mehrmals zu sich eingeladen, um mir aus seinem Leben zu erzählen, und ich habe diese Einladung nie wahrgenommen. Und jetzt ist er tot.

Der Rest der Welt gedenkt der ermordeten Jüd:innen am Holocaust-Gedenktag. Ich war sehr bewegt von den Reden, die Marina und Charlotte Knobloch in der Gedenkstunde am 27. Januar 2021 vor dem Bundestag gehalten haben.

**MARINA**

Ich bekomme in Deutschland in der Tat mehr vom Holocaust-Gedenktag im Januar mit, allerdings ist mir der Beiklang des Jom HaShoa näher. Mir ist, als gehe er mit mehr Gedenken auch an den Widerstand einher. Immerhin ist es der Jahrestag des Aufstands im Warschauer Ghetto. Folgt man deutscher Erinnerungskultur, waren Jüd:innen schwache, ausgemergelte Opfer, die getrieben wurden wie Vieh. Und das war gewiss ein Teil der Wahrheit. Aber ein anderer Teil war eben auch, dass es Held:innen gab, dass es Widerstand gab. Dessen sollten wir vielleicht auch in Deutschland stärker gedenken.

## Jom HaSikaron

**ELIYAH**

Trauer und Freude liegen eng beieinander. Ein Tag vor dem fröhlichen Jom HaAtzma'ut, am Jom HaSikaron, dem »Tag der Erinnerung«, gedenken wir aller gefallenen Soldaten, getöteten Sicherheitskräfte und Opfer von Terroranschlägen. Diese Trauerfeier wird am Abend begangen und eingeläutet von einer landesweiten Sirene. Vor ein paar Jahren habe ich zwei jungen Frauen aus Deutschland, die hier in Ra'anana ein freiwilliges soziales Jahr mit Aktion Sühnezeichen abgeleistet haben und von denen eine im Kindergarten unseres Sohnes geholfen hat, angeboten, sie mit auf die große Trauerfeier in Tel Aviv auf dem Rabin-Platz mitzunehmen. Auf dem Weg erzählte ich, wie die Feier ablaufen wird: »Gleich geht die Sirene, dann halten wir auf der Autobahn an und steigen kurz aus und bleiben eine Minute stehen, dann kommen wir auf dem Rabin-Platz an, auf dem eine riesige Bühne aufgebaut ist, und suchen uns einen Platz. Rund um uns auf den Hausdächern sind Scharfschützen positioniert. Dann kommt ein:e Moderator:in, die durch den Abend führt, und sagt die erste Band an. Es werden absolute Topacts der israelischen Popmusik auftreten. Die Auftritte wechseln sich ab mit Videoeinspielern auf Großleinwand mit Geschichten von gefallenen Soldat:innen und Terroropfern. Dabei wird darauf geachtet, aus jeder Bevölkerungsgruppe jemandem die Ehre zu erweisen, natürlich auch arabischen Israelis. Die Menschen stehen und weinen, auch die Männer, und niemand klatscht Beifall. Niemals. Es wird auch eine Schweigeminute geben, die so schweigsam ist, dass man das Fallen einer Stecknadel hören kann, obwohl der Platz gerammelt voll mit Menschen ist. Es ist geradezu gespenstisch. Am Ende singen wir die Hatikava, die Nationalhymne, und dann gehen wir wie alle anderen leise nach Hause. Alles verstanden?« Auf dem Rückweg im Auto gestanden mir die beiden Frauen, dass sie mir kein Wort geglaubt hatten. Zu surreal klang meine Schilderung. Aber es war genauso, wie ich es vorhergesagt hatte.

## Jom HaAtzma'ut

**ELIYAH**

Kaum ist der Jom HaSikaron vorbei, beginnt nahtlos der Unabhängigkeitstag in Israel. Es wird gefeiert, wie man sich einen Unabhängigkeitstag so vorstellt: Mit viel Musik, Getränken, Feuerwerk, Kunstfliegern der Israeli AirForce am Himmel und sehr viel Grillen. Auch dieser Tag wird von abends bis abends gefeiert, und es gibt Partys, die ganze Nacht durch. Jetzt wo ich Vater bin, konzentriere ich mich mehr auf den Teil der Feier, der tagsüber stattfindet. Früher war das natürlich anders, und ich bin schon mal auf einer Flatrate-Party versackt, bis der Alkohol leer war. Die Unabhängigkeit Israels feiern wir sehr ausgelassen, und das wird uns von manchen Menschen übelgenommen. Sie erinnern lieber an die Nakba, wie die Palästinenser die Zeit um die Staatsgründung Israels nennen. Ich finde, man kann sich über einen Staat Israel und seine Unabhängigkeit freuen, ohne das Leid der Palästinenser zu verneinen. Und das sollte man auch. Daher lassen mich diese Angriffe kalt. Wer ein Entweder-oder-Weltbild pflegt, der wird nie Teil einer Lösung sein, immer nur ein weiterer Grund für das anhaltende Problem.

# 4 Jüdische Kultur

**MARINA**

Ihr habt uns Fragen gestellt rund um das moderne Leben von Juden in Deutschland und anderswo. Küche, Witze, Partnerschaften, Beziehungen zu Nichtjüd:innen. Gibt es Elemente, die uns einen, jenseits von Religion? Und warum beantworten Juden Fragen eigentlich immer mit Gegenfragen?

Hier in Deutschland leben wir alle im stetigen Aufsammeln von Scherben dessen, was einst Normalität gewesen war. Viele von uns sind hin und her gerissen zwischen dem Wünschen, endlich wieder sichtbar zu sein auf der einen Seite und endlich normal und nicht weiter bemerkenswert zu sein auf der anderen Seite. Einerseits nicht zwischen »Deutschen« und »Juden« zu trennen, andererseits die eigene Kultur zu bewahren und überleben zu lassen. Obwohl wir so wenige sind. Obwohl so viel verloren geht.

Andere Ansichten zum Judentum jenseits der Religion findet ihr zum Beispiel in *Judentum zwischen Tradition und Moderne* von Gerd Biegel und Michael Graetz, *Judentum verstehen. Die Aktualität jüdischen Denkens von Maimonides bis Hannah Arendt* von Ernst Ludwig Ehrlich und Hans Erler und speziell zu Juden in Deutschland Ignatz Bubis, zum Beispiel: *Ich bin ein deutscher Staatsbürger jüdischen Glaubens*, *Juden in Deutschland* oder *Nachgeboren – vorbelastet: Die Zukunft des Judentums in Deutschland* von Dieter Graumann. Speziell zu russischen Juden: *Russische Juden in Deutschland* von Willi Jasper oder Salomon Korns *Die fragile Grundlage*.

**ELIYAH**

Meine jüdische Kultur, mit der ich aufgewachsen bin, bestand hauptsächlich aus dem Gedenken an meinen von den Nazis ermordeten Großvater. Wir sprachen kein Jiddisch, feierten keine jüdischen Feste und hatten auch keine jüdischen Namen oder Traditionen. Die Kultur kam ins Haus Biermann mit der Frau meines Vaters Pamela Biermann zurück. Sie begann, die Details der Familiengeschichte zu recherchieren, Hebräisch zu lernen und hat sich auch mit der Religion auseinandergesetzt. Aber auch sie ist nicht jüdisch aufgewachsen. Für mich ist »jüdische Kultur« daher etwas relativ Neues, das ich mir größtenteils selbst erarbeiten musste und muss. Dennoch ist es spannend zu sehen, wie doch einige familiäre Eigenheiten über meinen Vater bis zu meinen Geschwistern und mir über die Shoa herübergerettet wurden, von denen mir erst heute auffällt, dass sie im Grunde jüdisch sind.

## Wo findet man jüdisches Leben in Deutschland, und warum hört und liest man so wenig davon?

**MARINA**

Wie soll ich sagen? Es gibt einfach nicht sehr viele von uns in Deutschland.

**ELIYAH**

Das stimmt leider. Und die meisten, die es gibt, sind genau wie du aus der ehemaligen Sowjetunion eingewandert. Viele von den Einwander:innen sind nicht religiös, ja nicht mal traditionell. Das heißt, ihre jüdische Identität ist nicht so stark. Das jüdische Leben in Deutschland passiert im Grunde hauptsächlich im religiösen Rahmen. Es gibt bekanntermaßen Christ:innen, die zweimal im Jahr in die Kirche gehen: einmal an Ostern, einmal zu Weihnachten. Ansonsten haben sie mit ihrer Religion nicht viel am Hut. Genauso gibt es Jüd:innen, die zu Jom Kippur und zu Pessach in die Synagoge kommen und zu Chanukka ganz, ganz viele Berliner oder – wie man in Berlin sagt – Pfannkuchen essen. Ansonsten ist ja jüdisches Leben in Deutschland im Grunde nichts anderes als Leben von deutschen Jüd:innen, und das ist nicht großartig anders als das Leben anderer Menschen in Deutschland. Es gibt allerdings jüdische Studentenverbände, und es gibt die ZWST, die Zentralwohlfahrtsstelle der Juden in Deutschland, die unter anderem für jüdische Jugendliche sogenannte Machanot, also Sommercamps, organisieren, wo Kinder jüdischer Familien aus ganz Deutschland zusammenkommen. Diese Camps sind inhaltlich weniger religiös, dafür umso zionistischer.

**MARINA**

Dazu muss man sagen: In unserer Gemeinde hatten wir ein paar junge Leute, die zu den G'ttesdiensten kamen. Wir haben gesagt: Wir möchten einen jüdischen Stammtisch machen für junge Leute, die vielleicht nicht zur Gemeinde gehen. Und den wollten wir auch explizit nicht in der Gemeinde machen, sondern in einem Café. Als ich das in unseren Lokalmedien bewerben wollte, hat die Polizei tatsächlich gesagt: Bitte keine Werbung, in der ein Ort und eine Zeit veröffentlicht werden. Aus Sicherheitsgründen. Ein Grund, warum das jüdische Leben nicht so sichtbar ist, ist eben auch, dass wir das aus Sicherheitsgründen oft nicht so sichtbar machen dürfen, wie wir das gern würden. Die Bedrohungslage macht uns unsichtbar. Und das ist auch die Absicht hinter den Drohungen. Seit 2021 trage ich nicht mal mehr meine Davidsternkette. Es ist zu gefährlich geworden.

## Wo findet jüdisches Leben statt außerhalb der Synagoge?

**MARINA**

Jüdisches Leben findet natürlich überall statt, wo Jüd:innen leben: also an der Uni, im Supermarkt…

Das ist ja gerade das Dilemma: Wie stellt man jüdisches Leben authentisch dar, ohne in Klischees zu verfallen? Es sieht optisch nun mal allen anderen Leben sehr ähnlich. Vielleicht bebildern Zeitungen, wann immer es um Judentum oder antisemitische Überfälle geht, ihre Artikel deshalb ständig mit nichts anderem als einem Hinterkopf mit Kippa.

Aber wo wird spezifisch jüdische Kultur gelebt? Ein Zentrum davon ist sicherlich die Familie. Hier werden Feiertage begangen, hier wird jüdisch gekocht, hier wird gemeinsam gesungen und musiziert. Die Familie ist im Judentum, wie in vielen Kulturen, ein besonders geachteter Verbund. Gerade in Deutschland, wo es nicht viele Jüd:innen gibt, bilden die Familien in kleinen Gemeinden oft kulturelle Inseln.

Ansonsten findet für mich erstaunlich viel jüdisches Leben im Internet statt. Ich muss ehrlich sagen, dass ich jüdische Kultur erst wirklich gespürt habe, als ich angefangen habe, mich online viel mit Jüd:innen aus Israel und aus den USA auszutauschen. Dort wird Judentum viel selbstbewusster und lockerer gelebt. Es gibt lustige Chanukka-Sweater zu kaufen, Liedparodien, Sketche, die von Jüd:innen an Jüd:innen gerichtet sind und nur aus einer geteilten Kultur heraus verstanden werden.

Neben G'ttesdiensten über Skype habe ich auch einfach eine große kulturelle Bereicherung über das digitale Medium erfahren. Ganz davon abgesehen, habe ich selbst Familie in der Ukraine, in Israel, in den USA, in Mexiko – und pflege über Social Media erstmals regelmäßigen Austausch mit ihr.

Die Fragen für dieses Buch sind über Twitter entstanden. Die Antworten haben Eliyah und ich über Zoom aufgezeichnet. Euch haben sie über Youtube erreicht, und selbst für dieses Buch sind wir per E-Mail angefragt worden. Also ja, das Internet ist eine Art geteiltes Rotes Meer für mich.

**ELIYAH**

Dieser Kippa-Hinterkopf in deutschen Medien, der ständig als Bebilderung auftaucht, wenn es um jüdische Themen geht, nervt mich auch. Ich habe darüber sogar einen Artikel in der *Jüdischen Allgemeinen* veröffentlicht. Denn männlich und Kippa spiegelt die Lebenswirklichkeit von gerade mal drei Prozent der in Deutschland lebenden Jüd:innen wider. Und das auch nur, wenn sie ihre Mütze abziehen, die diese Kippa üblicherweise versteckt. Die angesprochene Zeitung, die vom Zentralrat der Juden in Deutschland herausgegeben wird, ist auch ein wichtiger, sichtbarer Teil gelebten Judentums in Deutschland. Dennoch hast du recht, Marina. Das meiste jüdische Leben in Deutschland ist privat oder findet in Synagogen statt. Dazu kommen noch jüdische Aushängeschilder wie das »Jüdische Museum« und das Stelenfeld zur Erinnerung an die im Holocaust ermordeten Juden in Berlin. Das verstärkt die Erwartung, dass wir lebendige Museumsstücke sein müssen, wenn wir uns als Jüd:innen zu erkennen geben. Oder wir sind eben Ziel von Antisemitismus. Das alles führt zu dieser Konzentration auf polizeilich geschützte, abgeriegelte Synagogen und das Private.

## Wie stark hat das Judentum vor allem die europäischen Kulturen und ihre Geschichte geprägt?

**MARINA**

Die kurze Antwort ist: fundamental. Auf säkularer Seite haben wir so viele jüdische Philosoph:innen. Die ganze Ethik ist jüdisch geprägt. Musik und Malerei könnte man sich ohne jüdischen Einfluss nicht vorstellen. Sogar viele christliche Kirchenlieder stammen aus jüdischer Feder! Die meisten dieser Künstler:innen, Philosoph:innen und Kulturschaffenden ertrugen allerdings den Antisemitismus ihrer Zeitgenossen, der sich nur schwer aushalten lässt, wenn man bedenkt, wie eng ihr Schaffen mit dem verwoben ist, was wir heute europäische Kultur nennen.

**ELIYAH**

Und vor allem prägte und prägt das Judentum auch die dominierende Religion in Europa. Das Christentum ist eine Ableitung aus dem Judentum, seine Basis ist wie ihr Messias jüdisch. Inwiefern hat das Judentum Deutschland oder Europa geprägt? Ich würde sagen: Mehr, als sich viele Leute eingestehen wollen.

## Was sind die wichtigsten Werte des Judentums? Gibt es darüber einen Konsens?

**MARINA**

Also erstens: Ein Konsens gibt es grundsätzlich über gar nichts im Judentum. Wir streiten! Und das ist Teil unserer Kultur. Wie bereits gesagt, es gibt vermutlich mehr Arten, das Judentum zu leben, als Jüd:innen. Ich würde als einen der wichtigsten jüdischen Werte bezeichnen: »Ich bin heilig und heilig sollst du sein.« Wir streben vom Menschlichen zum Göttlichen. Das bedeutet, wir versuchen, weniger selbstbezogen und egoistisch zu sein und uns weniger selbst in den Mittelpunkt zu stellen, sondern vielmehr selbstlos lieben zu lernen, nichts Böses zu sagen, nichts Böses zu sehen, zu versuchen sozusagen, das Beste aus uns zu machen. In der säkulareren Kultur nehmen Dialektik und Streit, Argumentieren und Bildung zentrale Rollen ein.

**ELIYAH**

Der Streit ist tatsächlich ein jüdischer Wert. Und ich vermisse diese Streitkultur in anderen Teilen der Welt. In Israel kann es passieren, dass sich zwei Menschen furchtbar schrecklich streiten, sich gar Prügel anbieten, und dann einen Moment später die besten Freunde sind, schon immer gewesen sind! Und Bildung ist ein fundamentaler Wert. Das hat auch einen religiösen Ursprung. Es war zum Beispiel früher so, dass es verboten war für das gemeine Volk, Latein zu lernen. Die christliche Bibel war aber in Latein geschrieben. Die Konsequenz war, dass ein Priester alles erzählen konnte, was er wollte, und niemand in der Gemeinde konnte es kontrollieren, weil niemand die Heilige Schrift lesen konnte. Das war ja auch der Grund, warum Luthers Übersetzung eine Revolution war. Er war ein schrecklicher Antisemit, das darf man bei all dem nicht vergessen. Sein Ansatz war auch nicht, die Bildung der Gläubigen zu verbessern, sondern die Bibel in eine für sie verständliche Sprache zu übersetzen. Bei den Juden ist es anders. Vor allem in religiösen Haushalten wird bei Kindern ab dem dritten Lebensjahr dafür gesorgt, dass sie biblisches Hebräisch lernen, damit sie die Schrift selber im Urtext lesen, lernen und auch hinterfragen können. Einer unserer wichtigsten Feiertage, oder vielleicht sogar der wichtigste, ist Pessach. Ein Thema dieses Feiertags ist: Die Kinder sollen Fragen stellen. Sie sollen lernen. Es gibt noch einen weiteren, ganz wichtigen Wert, der sowohl religiös als auch säkular von Jüd:innen auf der ganzen Welt ernst genommen wird: Tikun Olam, das Verbessern der Welt. Das bedeutet, dass alles, was wir tun, das Ziel haben sollte, die Welt zu verbessern. Im Kleinen wie im Großen.

**MARINA**

Tikun Olam ist zum Beispiel auch eine Begründung, warum Juden sich für Klimaschutz einsetzen sollten. Und es ist auch ein Grund, warum wir dieses Buch schreiben.

**Wie haben Jüd:innen es geschafft, eine nicht paranoide und irre Gemeinschaft zu werden? (Aus meiner Sicht sehr bemerkenswert in Anbetracht des Leids über Jahrhunderte!)**

**ELIYAH**

Ich weiß nicht, ob ich unterschreiben kann, dass wir weder paranoid noch irre sind. Manche von uns sind schon ein bisschen irre. Wir wittern beispielsweise überall Antisemitismus. Das Problem dabei ist nur, dass es meistens stimmt. Das ist ja auch einer der Gründe, warum wir den Staat Israel haben und brauchen. Wir wollen eben nicht paranoid sein müssen, sondern wir wollen ein freies Leben leben können, in einem Land, in dem wir uns selbst schützen können und nicht darauf angewiesen sind, dass die Gesellschaft um uns herum uns gerade leiden kann. Es gab durchaus Paranoia in der Geschichte der Juden. Theodor Herzl, einer der Begründer des Zionismus und die treibende Kraft dahinter, hatte ursprünglich die Idee, dass alle Jüd:innen zum Christentum übertreten sollen und so das Problem des Antisemitismus, des Antijudaismus, aus der Welt zu schaffen. Die Idee hat sich glücklicherweise nicht durchgesetzt, so dass wir weiterhin ein selbstbestimmtes Volk mit den Werten, über die wir gerade eben gesprochen haben, sind. Hoffentlich noch viele, viele Tausende Jahre, bis Moschiach kommt.

**MARINA**

Ich würde sagen, es gibt vor allem zwei Dinge, die uns helfen: Humor und Hoffnung. Die israelische Nationalhymne heißt haTikwa – »die Hoffnung«. Und sie ist in Moll. Das gibt es selten – Nationalhymnen in Moll, die dann auch noch Hoffnung zeigen. Ich finde, diese Dialektik oder dieser Kontrast ist etwas, was uns sehr gut beschreibt.

**Was meint ihr damit, dass eure Großeltern über eure Eltern an euch Traumata vererbt haben?**

**MARINA**

Ich habe das in meiner Rede vor dem Bundestag zum Holocaustgedenktag 2021 erwähnt. Meine Großeltern und Urgroßeltern haben die Shoa überlebt. Aber sie sind natürlich nicht unversehrt daraus hervorgegangen. Wenn man um sein Leben fürchten muss, fliehen muss, teilweise nur sehr knapp davonkommt, weil jemand einem qua Geburt das Existenzrecht abspricht, dann macht das was mit einem. Kaum jemand war nach dieser Zeit so wie vorher. Wenn Eltern ein solches Trauma haben, gehen sie anders mit ihren Kindern um. Manche werden verschlossen. Manche werden unfähig, Zärtlichkeit zu geben. Manche lagern überall Nahrung ein. Kinder, die von solchen Eltern großgezogen werden, haben auch keine gesunde Bindung und keine unbeschwerte Kindheit. Das wirkt sich auf sie als Erwachsene aus. Und dann bekommen sie eigene Kinder und können mit ihnen nicht so umgehen wie eine Familie, die einfach seit Generationen ein liebevolles Elternbild vorgelebt bekommen hat. So »vererbt« sich ein Trauma aus einer Generation in die nächste. Jede Generation muss Arbeit leisten, um die eigenen Kinder unbeschwerter zu erziehen. Es ist Arbeit an uns selbst. Arbeit an Hoffnung. Darum kann es keinen »Schlussstrich« geben unter den Verbrechen der Shoa. Noch immer tragen reale, lebende Menschen Wunden davon.

**ELIYAH**

Dass Traumata vererbt werden, ist inzwischen eine wissenschaftlich gesicherte Erkenntnis. Ich bin lange nach der Shoa geboren, aber ich habe meinen Großvater und seine Familie an sie verloren. Alle sind weggemordet. Auf der anderen Seite hatten fast alle anderen Kinder, mit denen ich in der Schule war oder die meine Freunde waren, Großväter. Niemand hat sie an eine Tötungsmaschinerie verloren, die nur dafür da war, Menschen wie ihn zu vernichten, auch nicht die, deren Großväter schon gestorben waren. Dieses Wissen um meinen Großvater und die Ahnung, dass ich von dieser Bedrohung, wenn sie wiederkommen sollte, auch betroffen wäre, ist traumatisch.

## Welche Positionen gibt es zu Partnerschaften zwischen Jüd:innen und Nichtjüd:innen? (Gibt es da irgendwelche religiösen Einschränkungen?)

**MARINA**

Säkular war es früher noch stärker verpönt. Je stärker Jüd:innen sich assimiliert haben, beispielsweise in der Sowjetunion, desto häufiger kamen solche Ehen vor. Mehr als die Hälfte aller Ehen in Deutschland mit mindestens eine:m jüdischen Partner:in sind heute gemischt. Ich bin selbst mit einem Nichtjuden verheiratet. Allerdings hat aus meiner Familie niemand Fragen gestellt, weil mein Mann Rosenfeld heißt.

**ELIYAH**

Die Religiösen sehen darin eines der größten Probleme unserer Zeit, weil dadurch so viele Kinder entstehen, die glauben, sie seien Jüd:innen, es aber halachisch, also religionsgesetzlich, nicht sind, wenn der Vater der jüdische Partner ist und nicht die Mutter. Und die Wahrscheinlichkeit, dass sich die jüdischen Kinder, wenn der Vater Nichtjude ist, vom Judentum entfernen und verloren sind, ist auch groß. Aber es gibt noch andere Gründe, die gegen gemischte Partnerschaften sprechen. Antisemitismus existiert und erinnert uns schmerzlich daran, dass wir eine Schicksalsgemeinschaft sind. Es ist natürlich emotional einfacher, wenn man mit seiner:m Partner:in gemeinsam zu dieser Schicksalsgemeinschaft gehört und sich die Ängste und eben genannten Traumata nicht erklären muss. Aber natürlich: Wo die Liebe hinfällt, da fällt sie hin. Man kann immer noch konvertieren, und es gibt sehr viele Leute, die für ihre:n Partner:in konvertieren. Es gibt auch sehr kontroverse Meinungen darüber, ob diese Konvertierungen gut und richtig sind oder nicht. Du und ich, wir haben natürlich beide kein Problem damit, wenn Menschen Menschen lieben und sie heiraten wollen. Das ist und muss Privatsache sein. Dennoch sind gemischte Partnerschaften kein Thema, wo ich sagen kann: Alles ganz easy, gar kein Problem.

## Da es viele religiöse Gebote rund um die Menstruation gibt – ist es unter Jüd:innen weniger verpönt, darüber zu sprechen?

**MARINA**

Ich wünschte, es wäre so. Aber nein, das wäre mir aufgefallen. Meine Großmutter dachte allen Ernstes, sie müsse sterben, als sie begann zu bluten. Mehrere Tage hielt sie ihr schweres

Schicksal vor der Familie geheim, ehe jemand ihr heimliches Wäschewaschen bemerkte und sie aufklären konnte. Unter den meisten Jüd:innen in meiner Umgebung ist es genauso verpönt oder unverpönt wie im Rest der Gesellschaft – eine Frage des Alters.

Wer sich mal anhören will, wie eine jüdische Autorin sich die intimeren Gespräche über Menstruation der Zeit Jakobs vorstellt, kann *The Red Tent* von Anita Diamant lesen. Es ist bitte nicht als historische Quelle zu verstehen, erweitert die Geschichte der Bibel aber um ein fiktives, urweibliches Element und imaginiert die Lebensgemeinschaft der Frauen und Mütter der israelischen Stämme.

**ELIYAH**

Ich kann als Unbeteiligter dazu nur sagen, dass es eine halbe Wissenschaft ist zu erkennen, wann die Menstruation endet und wann eine Frau in die Mikwe, das Ritualbad, gehen muss, um wieder »rein« zu sein. Eine Frau bekommt das vor der Hochzeit von einer Rebbetzin beigebracht. Meine Frau weiß daher alles darüber, ich eher weniger. Es gibt allerdings immer wieder Grenzfälle, wo Frauen die Restblutung nicht zu interpretieren wissen und dann den Abstrich einem Rabbiner übergeben, der das halachisch beurteilt. Und das passiert mit einer großen Selbstverständlichkeit. Aber dennoch wird das Thema diskret behandelt, und es wird beispielsweise überhaupt nicht gern gesehen, wenn ein Mann vor der Mikve auf seine Frau wartet, um sie abzuholen, und so mitbekommt, welche Frau noch gerade aus dem rituellen Bad gestiegen ist. Ich habe das schon mal falsch gemacht und wurde mit harschen Worten verscheucht. Richtigerweise.

## Was sind die witzigsten Traditionen, Riten oder Geschichten im Judentum?

**MARINA**

Mir fällt das Purim-Fest ein, an dem wir mal wieder feiern, dass sie uns töten wollten und wir überlebt haben. Das ist ein Fest, das in Kostümierung begangen wird und mit unfassbar viel Lärm in der Synagoge und während des G'ttesdienstes, weil man immer, wenn der Name des Erzschurken fällt, laut rasseln und Lärm machen muss. Es wird uns buchstäblich gesagt, an diesem Fest soll man so viel Alkohol trinken, dass man nicht mehr in der Lage ist, Freund und Feind auseinanderzuhalten. Also ein Besäufnisfest. Nicht jeder Rabbiner wird zustimmen, dass man tatsächlich so viel trinken soll. Aber es wird durchaus getrunken an diesem Tag, und es macht Spaß.

**ELIYAH**

Ja, Purim macht Spaß. Es gibt auch Riten, die vor allem für Außenstehende sehr komisch aussehen. Über die bizarren Kästchen an Kopf und Arm, die Tfillin, haben wir bereits gesprochen. Ein weiterer solcher Ritus ist Taschlich, was wir an Rosch Haschana, am jüdischen Neujahr, machen. Wir laufen zu einem Gewässer, das möglichst lebendig ist, das heißt, dass darin möglichst mindestens Fische leben, und leeren unsere Taschen aus und werfen zusammen mit den Krümeln und Stoffresten, die wir darin finden, unsere Sünden symbolisch in das Wasser. Das Traurige an diesem Ritus ist, dass deutsche Jüdinnen ihn über Jahrhunderte nicht ausgeübt haben, weil sie Antisemit:innen nicht Anlass geben wollten, einen Beweis gefunden zu haben, Juden würden geheime Substanzen ins Wasser werfen und so Brunnen vergiften – was ein klassisches antisemitisches Bild ist – und daraufhin einen Pogrom zu starten. Wer aber ein überzeugter Jecke (deutscher Jude) ist, macht Taschlich noch immer nicht, denn auch solche erzwungenen Traditionen werden Teil unserer Identität.

## Warum gibt es kein Religionsfach in den Schulen für jüdisch gläubige Menschen?

**MARINA**

Das ist relativ einfach zu beantworten. Es gibt nicht so viele Schüler:innen, die das bräuchten, und es gibt nicht so viele Lehrer:innen, die das anbieten könnten. Ich selbst war ja an einer deutschen Schule. In der Grundschule war ich im katholischen Religionsunterricht, und an der weiterführenden Schule war ich im evangelischen Religionsunterricht. Es gibt jüdischen Unterricht an jüdischen Schulen, und es gibt ihn in den Gemeinden.

**ELIYAH**

In manchen Schulen, etwa in der, in die meine Frau Jenny in Hamburg gegangen ist, wird den jüdischen Schüler:innen angeboten, den Religionsunterricht in der Gemeinde zu besuchen. Das ist ein ordentlicher Unterricht mit Benotung und Lehrplan und hält Eingang ins Zeugnis. Ich selbst war nur kurz im katholischen Religionsunterricht und später dann im konfessionsübergreifenden Fach Ethik. Ich erzähle darüber in der Einleitung zu diesem Buch. Aber meine Schule war auch in einem kleinen Städtchen in Rheinland-Pfalz, und die nächste jüdische Gemeinde war Hunderte Kilometer weit weg, und ich hatte mit Religion, auch mit jüdischer, sowieso nichts am Hut damals.

## Warum haben Jüd:innen oft so urdeutsche Namen, wie bei dir zum Beispiel Weisband, oder Spielberg etc.?

**MARINA**

Also erstens sind das nicht nur urdeutsche, sondern auch wunderschöne Namen. Das hängt damit zusammen, dass viele Jüd:innen bis in relativ neue Zeit überhaupt keine Nachnamen hatten. Sie durften in Deutschland schlicht keine Nachnamen haben. Erst im 18./19. Jahrhundert mussten auch Jüd:innen sich Nachnamen nehmen. Je nach Region durften sie sich welche ausdenken oder kaufen. Und dann hat man eben so wohlklingende Namen von schönen Dingen wie Blumenstein oder Goldberg genommen. Die mussten gekauft werden. Und wer kein Geld hatte, hieß dann eben Treppengeländer oder so.

**ELIYAH**

Rabbiner Steven E. Langnas aus München beispielsweise hatte wohl Vorfahren ohne viel Geld, denn dieser Name ist ganz offensichtlich ein Spottname. Manche Familien haben die Namen später geändert, andere behielten sie bei. Aus Trotz oder Stolz, sich nicht beleidigen zu lassen und ihn genau deswegen zu tragen. Allerdings haben viele Jüd:innen, die nach Israel eingewandert sind, ihre Namen hebraisiert. Aus »Weiß« wird beispielsweise »Livni«, was eine Übersetzung ist, andere haben phonetisch ihre Namen angepasst, und so wurde aus Herrn Brog ein Herr Barak. Wieder andere benannten sich nach der Gegend, in der sie siedelten, etwa Sharon. Alle drei Beispiele sind Namen bekannter Politiker in Israel.

## Gibt es so etwas wie jüdischen Humor? Was zeichnet ihn aus?

**MARINA**

Es gibt ja sehr viele verschiedene Kulturen im Judentum, weil Jüd:innen in der ganzen Welt leben. Es gibt in Mexiko wahrscheinlich andere Bräuche als in Äthiopien. Aber ich würde sagen, ich habe trotzdem – wo auch immer in der Welt ich Jüd:innen treffe – das Gefühl, auf Humorebene durchaus Anklang zu finden.

Unser Humor entsteht oft aus dem Schmerz heraus. Darum gibt es auch diesen riesigen Unterschied zwischen »Judenwitzen« und jüdischen Witzen. Judenwitze spielen mit abwertenden Klischees, die von außen zugeschrieben sind. Man kann Witze über Minderheiten machen. Aber damit diese Witze lustig sind, müssen sie aus der echten Erlebniswelt, aus dem Schmerz dieser Minderheit kommen. Aus einer selbstironischen Wahrnehmung, die die eigenen Schwächen erkennt und hinterfragt.

Wenn man mich nach sehr typisch jüdischen Witzen fragt, die Jüd:innen oft verstehen und Nichtjüd:innen weniger, erzähle ich diesen:

In einem ukrainischen Schtetl gab es einen Pogrom, die Kosaken reiten gerade fort, die letzten Federn aus den Matratzen setzen sich zur Erde. Moishe findet seinen Freund mit einem Messer im Rücken und fragt ganz vorsichtig: »Chaim! Tut es weh?« – Chaim röchelt: »Nur wenn ich lache.«

**ELIYAH**

Selbstironie ist wirklich mit das Wichtigste am jüdischen Humor. Keine platten Witze, die sich über die eigenen Stereotype noch über die von anderen lustig machen, sondern es ist ein wirklich tiefgründiger Humor, der – wie du sagst – unser ertragenes Leid erträglich macht. Es gibt natürlich auch Witze, die selbstkritisch unsere Religion und unsere Riten aufs Korn nehmen, und jeder Witz hat, wenn möglich, noch mindestens eine zweite Ebene. Man will auch den Intellekt des Gegenübers ansprechen und nicht nur die Lachmuskeln. Aber es gibt auch sehr derben Humor, den man besser nicht am Schabbestisch erzählt.

**Althebräisch ist ja für die Gebete unerlässlich. Versteht die Mehrzahl der Jüd:innen eigentlich die Sprache, oder kennt man hauptsächlich die üblichen Gebetsformeln und reimt sich dann den Rest zusammen bzw. verwendet Übersetzungen?**

**ELIYAH**

Die Gebetsformeln sind sehr, sehr lang. Das Morgengebet dauert 20 Minuten, wenn man extrem schnell ist, und wenn man langsam betet, braucht man dafür bis zu zwei Stunden. Das sind also nicht nur ein paar Formeln, die man dafür kennen muss, das ist ein halbes Buch in althebräischer Sprache. Neuhebräisch ist eine sehr, sehr junge Sprache. Sie wurde vor weniger als 100 Jahren zum Leben erweckt. Sie basiert auf dem alten Hebräisch, aber in der Torah, in der hebräischen Bibel, gibt es kein Wort für Flugzeug, und es gibt auch keins für Flasche. Es gibt nur Phiolen und Schüsseln. Und deswegen mussten sehr viele Worte neu erfunden werden. Auch die Grammatik wurde ein bisschen vereinfacht. Aber dennoch sind die Sprachen nicht so weit auseinander. Wer heute Neuhebräisch spricht, kann die Torah und die Gebete relativ problemlos lesen und verstehen. Es klingt ein bisschen komisch, ein bisschen altbacken, aber eben nicht so weit weg.

Das Wort für Flasche ist übrigens Bakbuk. Warum? Das ist

einfach die phonetische Umsetzung von »bakbuk bakbuk bakbuk…«, der Klang, wenn eine Flasche ausläuft.

**MARINA**

Mein Neuhebräisch zum Beispiel ist sehr schwach. Ich habe es erst in Israel gelernt in relativ fortgeschrittenem Alter. Ich selbst verwende zum Beten einen Siddur. Das ist ein Gebetsbuch. Da habe ich die Texte auf Hebräisch und in der Transliteration, mit lateinischen Buchstaben ausgeschrieben. Und ich habe da eine Übersetzung stehen. Wer kein Hebräisch versteht, sollte die Übersetzung beten, weil man verstehen soll, was man betet.

## Die jüdische Küche – was sollte man unbedingt mal ausprobieren?

**ELIYAH**

Die jüdische Küche ist sehr vielfältig und grundsätzlich einen Versuch wert. Wenn ihr mal in Israel seid, esst euch durch alles durch. Es ist die beste Küche der Welt, denn die jüdische Küche ist eine echte Raubküche. Das heißt, wir haben uns aus allen Gegenden, in denen wir als Juden leben mussten oder wollten, alles mitgenommen, was wir irgendwie gut oder spannend oder praktisch fanden. Sei es der Tscholent und der Borschtsch aus dem Osten, oder der Hummus und die Falafel hier aus dem Nahen Osten. Gebäck aus Deutschland, Fisch aus Marokko und vieles, vieles mehr. Das haben wir uns alles einverleibt, ein bisschen abgewandelt und zu unserer eigenen Küche gemacht. Ein Beispiel: Hier in Israel essen wir Pita-Brote. Die arabischen Israelis nennen sie »jüdische Pita«, weil sie nicht so ist wie die originale, arabische Pita. Und so haben wir ein Sammelsurium an Genüssen, das man sonst in keiner anderen Küche so findet.

**Was wird Jüd:innen häufig gesagt, was nicht gut ist, sondern nur gut gemeint?**

**MARINA**
Ich als deutsche Jüdin erlebe häufiger so was wie: »Boah, du bist die erste Jüdin, die ich treffe.« Ich fühle mich dann so ein bisschen wie ein Zootier. Oder: »Ich schätze jüdische Menschen sehr.« Wo ich denke: Warum sagst du das? Schätzt du andere Menschen nicht sehr? Man würde nicht so etwas zu einem deutschen Menschen sagen: Ich schätze deutsche Menschen sehr.

**ELIYAH**
Dieser Philosemitismus ist ja im Grunde ein Antisemitismus mit entgegengesetztem Vorzeichen. Mit anderen Worten: Er hat genauso wenig Grund und Sinn wie der Antisemitismus. Insofern ist er auch im Grunde genommen genauso unangenehm, aber er fühlt sich natürlich ein bisschen besser an. Man wird natürlich lieber geliebt als gehasst, und er schlägt auch selten in Gewalt um. Aber die Idee dahinter ist dieselbe: Juden sind anders.

**Warum wir immer von jüdischem Leben in Deutschland gesprochen? Klingt für mich, als würde es nicht dazugehören. Also eine Art Selbstabsonderung.**

**MARINA**
Ist es eine Selbstabsonderung, von jüdischem Leben zu sprechen? Was wäre die Alternative? Vom deutschen Leben zu sprechen? Kann man natürlich machen. Aber damit ist das Jüdische ausradiert und unsichtbar gemacht. Sicher lebe ich ein »deutsches Leben«, weil ich in Deutschland bin und atme. Aber wem

hilft das weiter, wenn ich davon spreche? Streng genommen können wir sagen: Wir leben alle ein menschliches Leben, uns darauf einigen und dann einträchtig schweigen.

Jüd:innen machen in Deutschland bestimmte geteilte Erfahrungen. Sei es die positive Erfahrung der Gemeinschaft oder der Feiertage, oder die negative Erfahrung von Antisemitismus. Sollten wir sie unsichtbar machen? Sie verschweigen?

Wenn jemand uns absondert, dann sind das Antisemit:innen. Nicht wir, weil wir Antisemitismus benennen. Das ist eine Umkehr der Schuld. Wie soll man sich gegen etwas wehren, das man nicht benennen darf?

Mein Ziel ist, dass wir auch weiterhin von jüdischem Leben in Deutschland sprechen, aber dass es ganz selbstverständlich zu »Leben in Deutschland« gehört. Einfach eine Kategorie von vielen.

## Darf man als Nichtjüdin auch mal einen Gottesdienst in der Synagoge besuchen?

**MARINA**

Darf man hier in Deutschland, klar! Wenn ihr jüdische Freunde habt, lasst euch von denen mitnehmen. Sonst erkundigt euch am besten vorher bei der Gemeinde, wann und wo es am praktischsten ist. Eliyah, was muss man dabei beachten?

**ELIYAH**

Theologisch, religiös gibt es überhaupt keinen Grund, nicht hinzugehen. Jede:r ist willkommen! An vielen Synagogen, wie zum Beispiel an der in Hamburg, steht über der Eingangstür auf Hebräisch: »Lasse mein Haus ein Haus des Gebetes für alle Völker sein.« Also sind natürlich alle willkommen, nur laden wir nicht aktiv ein, da wir nicht missionieren. Aufgrund der

Sicherheitssituation verlangen viele Gemeinden, dass man sich vorher schriftlich anmeldet. Alternativ kommt man zusammen mit einem Leumund, einem Mitglied der Gemeinde, das sagt: »Ich kenne den, der ist in Ordnung.« So kommt man auch unangemeldet an der Security vorbei. Das ist leider Realität in Deutschland. Ansonsten achtet ein wenig auf die Kleidung. Es sollte nicht allzu freizügig sein. Das ist ähnlich wie in einer Kirche.

## Was muss passieren, damit man sich als Jüdin/Jude in Deutschland wohl und sicher fühlen kann?

**ELIYAH**

Ich kann darauf antworten, warum ich mich in Israel sicher fühle und in Deutschland nicht. Wir leben in Israel mit einer Bedrohungslage, die auf den ersten Blick schlimmer oder größer aussieht als in Deutschland. Und wir haben auch keine Polizei, auf die wir extrem stolz sein können. Die ist mindestens genauso schlimm oder gut wie Polizei in anderen Ländern. Der Unterschied ist einfach, dass wir immer davon ausgehen können, wenn wir angegriffen werden, weil wir Juden sind, ist sofort jemand da, der eingreift. Auf die Zivilcourage der Umgebung kann man sich verlassen, auch als arabischer Israeli. In Deutschland ist die Wahrscheinlichkeit für einen Anschlag vielleicht kleiner als hier, aber wenn etwas Schlimmes passiert, dann ist man hier in einer viel besseren Situation als in Deutschland. Wenn man antisemitisch angegriffen wird, und sei es auch nur verbal, dann kann man in Deutschland leider davon ausgehen, dass alle anderen nur weggucken. Zu wissen, dass man von Menschen umgeben ist, die einem beistehen, erzeugt ein Gefühl der Sicherheit. Nicht zu wissen, dass einem nichts passiert, denn das gibt es sowieso nicht, nirgendwo.

**MARINA**

Mir würde es helfen, wenn wir häufiger Rollenspiele, Trainings in Zivilcourage hätten. Wo man sowohl die Rolle des / der Angegriffenen als auch die eine:r zufälligen Passant:in einnimmt und guckt, wie man sich in dieser Situation fühlen und verhalten würde. Man kann bestimmte Hinweise trainieren und verinnerlichen, um in der Situation bereit zu sein, entweder einzugreifen oder Hilfe zu rufen. Die meisten glauben nämlich, dass sie das tun würden, schweigen aber im Ernstfall oder brauchen zu lange, um den Ernstfall zu erkennen.

Und dann ist da das tiefer gehende Problem: Antisemitismus wird nicht an der Wurzel behandelt. Die Wurzel hat weder mit Trainings in Zivilcourage zu tun noch mit Polizei noch mit Kampagnen, die im Wesentlichen sagen: »Juden. Sie sind da und auch ganz okay.« Der Kern von Antisemitismus ist gefühlter Kontrollverlust. Wie man dem begegnet, darauf möchte ich im Kapitel über Antisemitismus gern näher eingehen.

## Grüße ich Jüd:innen besser einfach mit einem Guten Tag, Schalom, oder gar nicht?

**MARINA**

Also gar nicht ist einfach unhöflich. Wenn du in einer Situation bist, in der du einen Menschen grüßen würdest, grüßt du auch eine jüdische Person einfach ganz normal in deiner bevorzugten Sprache. Auf ein »Schalom« werde ich immer ein fröhliches »Schalom« erwidern. Juden sind halt Menschen, gehe mit ihnen so um.

## Wie kommt es an, wenn nicht jüdische Menschen Shoa sagen?

**MARINA**

Hier geht es, glaube ich, um die Frage: Soll man Holocaust sagen oder Shoa? Es ist auf keinen Fall respektlos, wenn ihr Shoa sagt! Das ist der korrekte Begriff. Und ich finde ihn besser als den Begriff Holocaust, der sich ja eigentlich aus einem religiösen Opferkult ableitet. Aber beide Begriffe sind grundsätzlich in Ordnung, auch in der Verwendung durch Nichtjüd:innen!

**ELIYAH**

Wenn ich jemanden Shoa sagen höre, dann gehe ich davon aus, diese Person hat sich mit dem Thema beschäftigt. Das ist doch gut.

## Ich möchte gerne wissen, mit welchen erschwinglichen Büchern, Broschüren oder Nachschlagewerken ich etwas über das Wesen des Judentums erfahren kann.

**MARINA**

An jedem Kapitelanfang empfehlen wir (meiner Meinung nach) hilfreiche Bücher zur Vertiefung. Darüber hinaus hat der Zentralrat der Juden reiche Literaturlisten zu verschiedenen Themen zusammengestellt, die man hier findet: https://www.zentralratderjuden.de/service/literaturliste/

**ELIYAH**

Ehrlich gesagt, die Literaturempfehlungen kommen hauptsächlich von Marina. Ich selbst nutze überwiegend Literatur aus dem englischsprachigen Raum. Das liegt daran, dass ich als orthodoxer Jude Bücher von liberalen Rabbinern mit großer

Vorsicht betrachte und orthodoxe Bücher aus Deutschland eher selten sind. Ich möchte an dieser Stelle allem voran ein Buch empfehlen, das auf Englisch und Hebräisch geschrieben ist, und das ist, wie sollte es anders sein, eine Torah, oder auch »Chumasch« genannt, nach der hebräischen Zahl Fünf (Chamesch). Dieser Chumasch ist gefüllt mit Kommentaren großer Rabbiner und Torahgelehrten der Geschichte und hat neben dem hebräischen Original eine englische Übersetzung, die sehr nah am Originaltext ist. Es ist der *Stone Edition Chumash* aus dem Hause Artscroll. Ich benutze den Chumasch regelmäßig, und die Kommentare darin sind Gold wert.

## Warum beantworten Juden Fragen immer mit Gegenfragen?

**MARINA**
Tun wir das?

# 5 Antisemitismus

Ich wünschte, ich könnte einmal über das Thema Judentum sprechen, ohne über Antisemitismus zu sprechen. Aber natürlich geht das nicht. Im folgenden Kapitel besprechen wir also alle eure Fragen rund um Antisemitismus.

Ich bin in diesem Thema sehr unfreiwillig zur Expertin geworden. Als »Person öffentlichen Lebens«, als Frau, kam ich nicht drum herum, mich mit Hass auseinanderzusetzen. Neben dem Antisemitismus erforsche ich auch Rassismus, Sexismus und andere verwandte Phänomene, verbringe mehr Zeit auf Incel-Boards (also in Internetforen, in denen Männer von sexueller Frustration zu Gewalt hochradikalisiert werden), als für eine Psyche gesund ist, und kann inzwischen durchaus kompetent die Vernetzung und Onlineradikalisierung der Neuen Rechten erklären.

Direkt dazu sei gesagt, dass es nicht leichtfällt, über Antisemitismus zu schreiben, ohne antisemitische Erzählungen zu verbreiten. Es ist nicht leicht, die Struktur und Entstehung von Antisemitismus zu verstehen, ohne sich in die Welt von Antisemit:innen einzufühlen. Das sind nicht gerade erstrebenswerte Ziele! Es ist aber meine Meinung, dass wir verstehen müssen, womit wir es zu tun haben, wenn wir es bekämpfen wollen. Und zwar nicht nur seine schlimmsten Ausprägungen – sondern die Wurzel.

Mehr zum Thema Antisemitismus findet ihr in *Geschichte des Antisemitismus* von Werner Bergmann, *Politik des Hasses* von Lars Rensmann und Gideon Botsch und *Alle Juden sind…* vom Anne-Frank-Haus Amsterdam.

## Kriegt ihr viel Antisemitismus ab?

**MARINA**

Seit ich in der Öffentlichkeit bin ja. Vorher nicht. Aber seit ich bekannter bin, vergeht eigentlich kein Monat, manchmal kein Tag ohne antisemitische Bemerkungen, Beleidigungen oder Drohungen. Da mischt sich neben Antisemitismus natürlich auch Misogynie, Ausländerhass und einfach Hass gegen Linke rein.

Das geht von ernst nach lustig. Sicher bekomme ich die üblichen Mord- und Vergewaltigungsdrohungen, wenn ich mich mal irgendwie äußere. Aber es gibt auch die »guten« antisemitischen Blogs über mich, die ich tatsächlich mit Vergnügen lese. Früher ging da viel unter dem Spitznamen Marina Weishaupt, das findet nicht mehr so stark statt. Demnach bin ich die Enkelin (sic!) von Adam Weishaupt, arbeite für den Mossad UND für die CIA, bin sehr reich und habe eine phantastisch laufende lesbische Beziehung. Ich hoffe noch, dieser Beschreibung eines Tages gerecht zu werden. Es gab auch mal ein Video, in dem meine Augen während einer Talkshow genau analysiert wurden, um festzustellen, dass sie Anzeichen von Echsenwesen haben. Das ging in meinem Freundeskreis gut rum, ehe es leider depubliziert wurde.

Wenn ich seitenlange E-Mails von Antisemit:innen bekomme, erkenne ich das meist schon nach wenigen Sätzen. Es bereitet mir dann größtes Vergnügen, die Dinger schlicht zu löschen. Da hat jemand Stunden seines Lebens darein versenkt, diesen Mist zu schreiben, und ich kann ihn in drei Sekunden löschen. Anderes muss ich aber melden oder zur Anzeige bringen. Stellen wie Report-Antisemitism.de helfen da sehr.

**ELIYAH**
Ich kriege nicht ganz so viel Antisemitismus ab.

**MARINA**
Warum?

**ELIYAH**
Weil ich ein Mann bin.

**MARINA**
Whoa.

## Inwieweit müsst ihr euer tägliches Leben anpassen, um euch vor antisemitischen Übergriffen zu schützen?

**MARINA**
Die längste Zeit musste ich überhaupt nichts anpassen. Mir reichten die Anpassungen, die die jüdischen Gemeinden bereits vorgenommen hatten: dass vor der Synagoge Polizei steht, dass die Post von der Gemeinde in unmarkierten Briefumschlägen kommt und so weiter. Seit 2021 trage ich meine Davidsternkette nicht mehr in der Öffentlichkeit. Als der Konflikt in Israel wieder aufflammte, trug ich nicht bloß wegen der Pandemie draußen eine Maske. Es war sicherer, nicht erkannt zu werden.

**ELIYAH**
In Israel gibt es natürlich keinen Grund, sich zu verstecken. Ich trage Kippa, draußen, auf der Arbeit, in Meetings mit Kunden, immer. In Deutschland trage ich draußen grundsätzlich eine Mütze über der Kippa und verstecke meine Zizit unter einem Mantel. Ich rede auch kein Hebräisch in der Öffentlichkeit, vor

allem, wenn ich mit meiner Frau und den Kindern unterwegs bin. Alleine bin ich etwas mutiger, denn ich bin fast 1,90 Meter groß und ein Mann und mache nicht den Eindruck, mich nicht wehren zu können. Das schreckt potenzielle Angreifer:innen ab.

Als ich noch in Deutschland gearbeitet habe, trug ich im Büro Kippa, auch bei Treffen mit Kunden. Einer von ihnen meinte nach so einem Treffen, als ich den Raum bereits verlassen hatte, zum Vertriebsmensch der Firma: »Warum muss der eine Kippa tragen? Muss das sein?«, und mein Kollege antwortete: »Ja. Falls Sie damit ein Problem haben, kann ich Ihnen gerne einen anderen Anbieter empfehlen.« Ich habe fast geweint vor Dankbarkeit.

## Wieso hasst man Juden?

**ELIYAH**

Wieso hasst man Radfahrer?

**MARINA**

Das ist sehr komplex. Ich versuche meine Theorie hier herunterzubrechen: Im Mittelalter speiste sich Antijudaismus aus zwei Quellen. Die erste war die rein religiöse. In dem Maße, wie das Christentum sich etablierte, musste es erklären, warum es nun die »richtige« Religion war und warum alle Jüd:innen, die den Schritt mit Christus nicht mitgegangen sind, doof sind. Daher die ganzen »Christusmörder«-Geschichten. Noch heute findet sich diese Art des Antijudaismus in manchen katholischen Kirchen: Die Ecclesia und die Synagoge. Über dem Ostende des Portals eine Frau mit Krone, Kreuz und Kelch. Synagoge am Westende, wo die Sonne untergeht, mit verbundenen

Augen und einem gebrochenen Hirtenstab. Hier wurde die eigene Legitimität über die Falschheit »der anderen« hergeleitet.

Die zweite Quelle ist kulturell: Juden sind in der Diaspora, das heißt, sie sind überall Fremde, sehen aber nicht immer wie Fremde aus. Das macht sie nicht sofort identifizierbar und »verdächtig«. Daher gab es historisch diverse Versuche, Jüd:innen Erkennungszeichen aufzuzwingen, von der gelben Judenkappe bis zum gelben Stern.

Im Mittelalter durften deutsche Juden kein Land besitzen, und sie durften kein Handwerk ausüben. Was sollten sie machen, um zu überleben? Sie haben sich gebildet, sie haben medizinische Professionen ergriffen, und sie durften als Einzige Geld verleihen und dafür Zins nehmen. Das war Christen verboten. Es galt als schmutzige Tätigkeit. Also hat man es an die Juden ausgelagert, die das durften. Viele, oft Adelige, schuldeten Juden Geld. Es war sehr, sehr praktisch, sich dann regelmäßig gegen die Juden aufzulehnen und Pogrome zu veranstalten, weil man dann das ganze Geld, das man schuldete, nicht zurückzahlen musste.

Ein weiteres Element: Juden leben eine eigene Kultur inmitten einer anderen. Im Antisemitismus spielt so etwas wie Identitätsneid eine große Rolle. Gerade in Deutschland – wo man sehr lange damit gerungen hat, was eigentlich die deutsche Kultur ist in diesem Sammelsurium von kleinen Fürstentümern – gab es gewissen Neid auf den Nachbarn, der vermeintlich sehr genau wusste, was seine Kultur ist, wer er war, und mit Menschen über den ganzen Globus verteilt eine ähnliche Kultur und eine Bruderschaft teilte. In der sich verändernden, komplexen Welt der Moderne kam daher dieses Bild des »Globalisten«, das »Weltumspannende«, das »Kontrollierende« auf, das Juden zugeschrieben wurde und die eigene Verwirrung in Wut verwandeln sollte.

**ELIYAH**
Marina, ich finde es problematisch, die Frage überhaupt zu beantworten.

**MARINA**
Warum?

**ELIYAH**
Weil es für Hass keinen Grund gibt und man ihn auch nicht argumentativ erklären kann. Alles, was du gesagt hast, ist natürlich richtig. Das sind alles Bestandteile, die Antisemit:innen benutzen, um uns zu hassen. Aber sie würden uns auch hassen, wenn das nicht so wäre. Und sie hassen andere nicht, die genau dasselbe machen. Und deswegen ist die Frage zu beantworten, warum werden Juden gehasst, eigentlich falsch, weil die Frage bereits falsch ist. Warum wird gehasst? Hass braucht keinen Grund.

## Warum spricht man so viel über Antisemitismus? Ist das nicht einfach nur eine Form des Rassismus?

**MARINA**
Nicht ganz. Beides ist gruppenbezogene Menschenfeindlichkeit. Aber es gibt auch Aspekte, in denen Rassismus strukturell anders aufgebaut ist als Antisemitismus. Beginnen wir damit, dass beides offensichtlich Quatsch ist, aber Quatsch, der die Funktion von Machterhalt erfüllt. Trotzdem ist der Quatsch verschieden strukturiert. Man vergebe mir in den folgenden Erläuterungen die extreme Verkürzung. Bitte bewerft mich nicht mit Geschichtsbüchern.

Rassismus ist die pseudosystematisch, eigentlich aber willkürliche Einteilung von Menschen in »Rassen«, die bestimmte

»Rassen« über andere stellt. Er wurde in der Zeit des Imperialismus kodifiziert und popularisiert, um imperiale Gewalt zu rechtfertigen. Die Schwarzen seien den Weißen unterlegen, keine richtigen Menschen, deshalb dürfe man sie ausbeuten. Rassismus ist also eine Erzählung der Herrschenden, die einen selbst in der überlegenen Position sieht.

Antisemitismus entstand etwa in einer ähnlichen Zeit und folgte dem religiös begründeten Antijudaismus. Erstens klang er wissenschaftlicher und bezog sich in einer Zeit, in der Religion out war, nicht mehr auf die Religion, sondern auf die Abstammung. Rein psychologisch betrachtet kann man Antisemitismus aber auch lesen als eine Reaktion auf die Moderne. Die zeichnete sich durch die Auflösung von Eindeutigkeiten aus. Menschen hatten immer mehr Information zur Verfügung, ohne eine entsprechende Zunahme der Fähigkeit, diese Informationen auch zu verarbeiten. Der Diskurs wurde internationalisiert und fragmentiert. Die industrialisierte Welt wurde komplex und kaum überschaubar.

Was machen Menschen in solchen Situationen? Sie vereinfachen sich die Welt wieder und suchen Erklärungsmuster, nach denen es die Guten und die Bösen gibt. Das ist die Geburtsstunde von Verschwörungserzählungen. Anstatt begreifen zu müssen, dass Welthandel sehr komplexen Regeln unterliegt und gewinnorientierte Unternehmen sich global so aufstellen, dass sie möglichst viele Einnahmen privatisieren und möglichst wenige Steuern zahlen müssen, kann man sagen: Es gibt eine Gruppe von Menschen, die das alles lenkt und die Regeln zu deinem Nachteil auslegt. Und hier sucht man sich eine Gemeinschaft, die seit Jahrhunderten international verteilt lebt und dennoch verbunden bleibt: die Juden. Antisemitismus ist der Versuch, der Komplexität der Welt, dem Wandel von Werten und den ausbeuterischen Praktiken des Kapitalismus ein Gesicht zu geben, um sie verständlicher und gegenständlicher zu machen. Wer die Komplexität der Welt nicht erträgt, kann sich in diese Erzählung flüchten, denn sie verwandelt seine Angst in Wut. Und Wut wird als angenehmer empfunden als Angst.

Antisemitismus ist also eine Erzählung der Herrschenden, die sie als die *Schwachen* dastehen lässt. Gegen einen überlegenen Gegner, nämlich das »Weltjudentum«.

Wobei die Geschichte keineswegs so eindeutig ist. Es durchzieht nämlich den Antisemitismus, dass er in sich widersprüchlich ist. Juden sollen gleichzeitig reich, mediendominierend und manipulativ sein, andererseits wurden wir historisch mit Ungeziefer verglichen, wurden als schwach und degeneriert dargestellt. Ebenso widersprüchlich ist auch das Männlichkeitsbild im Judentum: einerseits sollen jüdische Männer verweichlicht, unmännlich, gar feminin sein – andererseits »nehmen sie uns unsere Frauen weg« (vergleiche die Jud-Süß-Propaganda).

Wenn wir darüber reden, wie wir Rassismus und Antisemitismus begegnen wollen, müssen wir diese verschiedenen Erzählungen aber kennen und ihre Strukturen verstehen. Dann können wir sie nämlich am Kern bekämpfen.

## Was ist der Unterschied zwischen (Anti)Semitismus, (Anti)Judaismus, (Anti)Zionismus?

**ELIYAH**

Die Reihenfolge der drei Antis ist eine andere: Der Antijudaismus war zuerst da, dann kam der Antisemitismus und als Letztes der Antizionismus. Die drei stehen in einer engen Beziehung. Der Antijudaismus war der religiös begründete Judenhass. Er erlaubte einen Ausweg für Jüd:innen, nämlich indem man zum Christentum konvertierte. Das war über Jahrhunderte der dominierende Hass gegen Juden. Doch dann kam die

Aufklärung, und mit ihr kamen viele, viele gute Dinge, aber es wurde auch der Antisemitismus geboren. Dadurch, dass die Aufklärung sagte, Religion sei nicht mehr von so zentraler Bedeutung und jetzt sind Wissenschaften, der Verstand, die Aufklärung wichtig, konnte man religiöse Argumente für Judenhass nicht mehr so einfach ins Feld führen. Also brauchte der althergebrachte Judenhass einen wissenschaftlichen Anstrich. So entstand auch der Name »Antisemitismus«, was ein wissenschaftlich klingender Name sein sollte, der die Religionszugehörigkeit des Objekts des Hasses durch den volkskundlichen Begriff eines semitischen Volkes ersetzte. Der Antisemitismus hat in der Shoa seinen traurigen Höhepunkt gefunden. Nach dem Holocaust haben G'tt sei Dank viele Menschen erkannt, dass Antisemitismus mörderisch sein kann in einer Dimension, die man bis dahin noch nie erlebt hat, und er deswegen nichts ist, mit dem man sich gemein machen will. Es gilt bis heute als schwerste Beleidigung, jemanden eine:n Antisemit:in zu nennen, und Antisemit:innen ziehen deswegen teils erfolgreich vor Gericht, wenn sie so genannt werden. Ein gewisser Herr Walser hat sogar eine »Antisemitismuskeule« entdeckt, mit der arme Antisemit:innen unschuldig geschlagen werden. Wer also immer noch Juden nicht leiden konnte, weil sie Juden sind, musste sich ein neues Betätigungsfeld suchen, wenn er nicht Antisemit sein wollte, und hat dann den Hass auf Juden in einen irrationalen Hass auf den Staat Israel umgewandelt und es Antizionismus genannt. Insofern spiegelt die Entwicklung vom Antijudaismus über den Antisemitismus zum Antizionismus das wider, was gerade in der Welt um das Judentum herum passiert ist.

## Ist Antisemitismus dasselbe wie Judenhass? Bzw.: Nicht jeder, der Antisemit ist, hasst automatisch Juden?

**MARINA**

Ich glaube, ein Missverständnis ist: Jeder, der Antisemitismus verbreitet, hasse Juden. Man kann antisemitisch handeln oder antisemitisch sprechen oder antisemitische Geschichten verbreiten, ohne überhaupt zu wissen, dass es gerade um Juden geht. Ihr könnt zum Beispiel auf sogenannte Dogwhistles hereinfallen. Wie bei einer Hundepfeife sind das Signale, die nur von jenen gehört werden, für die sie gedacht sind. Wenn man beispielsweise von »den Globalisten«, oder vom »Kulturmarxismus« spricht, sind das Codewörder für »die Juden«. Sie werden von Antisemit:innen so verwendet. Da kann man versehentlich mitmachen, ohne es zu wissen. Und man kann diese antisemitischen Erzählungen verbreiten, ohne dass man selbst Judenhasser ist. Es wäre sehr hilfreich, wenn wir öfter sagen könnten: »Hey, das war antisemitisch«, ohne gleich sagen zu müssen: »Ey, du bist Antisemit!« Unsere Handlungen sind das, was wir bewerten müssen. Und wir alle haben Rassismen und Sexismen und eben auch Antisemitismen in unserem Sprechen und Tun.

Auch ich habe Antisemitismen internalisiert und musste sie bewusst reflektieren. In einem sehr dummen Blogartikel, den ich noch als Teenager geschrieben und inzwischen depubliziert habe, habe ich darüber geschrieben, dass die jüdischen Gemeinden sich einigeln und es folglich Antisemit:innen erleichtern, antisemitisch zu sein. Das war eine totale Täter-Opfer-Umkehr. Ich schäme mich auch sehr dafür. Niemand ist gewappnet davor, Elemente antisemitischer Geschichten zu erzählen. Darum ist es wichtig, nicht zu verdammen, sondern aufzuklären.

Es gibt aber natürlich auch die Menschen, die tatsächlich

Antisemit:innen sind. Die diese Erzählungen ganz bewusst verbreiten wollen. Aber ich glaube, auch davon hassen nicht alle Juden. Also diese Emotion, Hass, wird vermutlich nicht von allen empfunden. Antisemitismus ist ein Herrschaftswerkzeug. Ich muss dafür niemanden hassen. Ich muss einfach nur dankbar sein, dass da diese Gruppe existiert, die sich schlechter wehren kann und auf die ich die Wut meiner Untertanen hetzen kann, um mich selbst als Heilsbringer aufzuspielen. Darum halte ich »Judenhass« für ein nur sehr bedingt hilfreiches Wort.

**ELIYAH**

Als Betroffener ist es einem am Ende natürlich egal, ob der Antisemit einen aus emotionalen Gründen oder aus Überzeugung oder politischem Kalkül angreift. Der Angriff findet statt und das nicht selten körperlich. Wenn es um Strategien zur gesellschaftlichen Bekämpfung von Antisemitismus geht, muss man natürlich die Hintergründe in Betracht ziehen.

## Denkt ihr, dass sich Antisemitismus in Deutschland noch weiter verbreiten wird?

**MARINA**

Ja, das denke ich. Ich denke es, weil ich den Anstieg schon jetzt fast physisch fühlen kann. Meine gesamte Jugend durch dachte ich: Deutschland ist eines der judenfreundlichsten Länder der Welt. Dann wurde ich immer aufmerksamer darauf, dass es da unter der Oberfläche brodelt. Inzwischen bleibt es aber nicht unter der Oberfläche. Es werden gelbe Sterne getragen, um gegen Gesundheitspolitik zu demonstrieren. Reihenweise drehen Prominente ab und erzählen antisemitische Verschwörungsmythen oder schimpfen völlig offen über Juden. Der Grund?

Die tiefe Verunsicherung durch die Corona-Pandemie, aber auch generell gegen Globalisierung, Digitalisierung und Wertewandel bringen immer mehr Menschen dazu, Schuldige zu suchen.

Dieser Trend wird sich fortsetzen. Wir erleben jetzt die erste Häufung von Extremwetter, die durch den Klimawandel bedingt sind. Es werden allein aus dieser Quelle zahlreiche große Umstellungen folgen: Ernteausfälle, Lieferengpässe, Klimaflucht. Und überall, wo globale Systeme zu komplex werden und das eigene Leben unbequem wird, gibt es immer Menschen, die nach einem Sündenbock suchen. Ich gehe also davon aus, dass Antisemitismus ein eher zunehmendes als abnehmendes Problem sein wird.

**ELIYAH**

Der sprunghafte Anstieg von Antisemitismus während der Corona-Pandemie lässt Furchtbares erahnen. Sobald es einen unsichtbaren Feind gibt, dem man emotional nicht gewachsen ist, malt man ihm die Fratze des bösartigen Juden auf. Der Antisemitismus schlägt einem von überall entgegen, leider nicht nur aus der Mehrheitsgesellschaft, sondern auch von so ziemlich allen anderen marginalisierten Gruppen. Dabei sollten wir doch natürliche Alliierte sein im Kampf gegen Diskriminierung und Ausgrenzung.

## Habt ihr Vorschläge für Maßnahmen gegen Antisemitismus?

**MARINA**

Fangen wir damit an, dass dieses Buch auch ein Versuch ist, gegen Antisemitismus anzukommen. Nämlich aus dem Antisemitismus, der aus der Mystifizierung des Judentums entspringt.

Hass und Angst lassen sich am besten gegen jene schüren, von denen man nichts weiß und die man nicht als Menschen betrachten kann. Nicht jeder kann jüdische Freund:innen haben in Deutschland. Aber dank der neuen Medien kann man mit vielen in Dialog treten. Und dank der alten Medien kann man immerhin viele erreichen.

Sehr offensichtlich unterstütze ich also Projekte gegen Antisemitismus, die auf die Sichtbarkeit des Judentums, einzelner Jüd:innen, auf Erzählungen von Shoa-Überlebenden und gemeinsamen kulturellen Veranstaltungen bauen. Ich glaube nur nicht, dass das ausreicht.

Gehen wir mal davon aus, dass ich recht habe. Dass Antisemitismus ein Ausdruck der Überforderung angesichts von Komplexität und Wandel ist. Der wohltradierte Versuch, die alten Feindbilder zu bemühen. Dann liegt Antisemitismus nicht darin begründet, dass ich nicht *weiß*, dass Juden eigentlich ganz okaye Menschen sind. Sondern darin, dass ich es nicht wissen *will*. Ich habe ein emotionales Bedürfnis, an eine Verschwörung zu glauben. Oder an eine Art parasitäre Kraft, die nicht der Welt oder dem Kapitalismus oder den Menschen inhärent ist, sondern die man identifizieren und einsperren oder töten kann. Wenn Menschen mit diesem emotionalen Bedürfnis auf Kampagnen gegen Antisemitismus treffen, dann werden sie davon nicht berührt – oder, ironischerweise, noch in ihrem Glauben bestärkt.

Will man an die Wurzel dieses Problems gehen, sind zwei Maßnahmen wichtig.

Erstens: Die Tradierung der Erzählung unterbrechen. Dass es gerade die Juden sein sollen, die für das Böse in der Welt verantwortlich sind – oder irgendeine Menschengruppe –, ist eine weit verbreitete Erzählung, die mit Absicht noch weiter verbreitet wird. Gegen die Personen, die so etwas verbreiten, muss die Gesellschaft rigoros vorgehen. Sie dürfen nicht in

Talkshows eingeladen werden, ihre Bücher sollten nicht vermarktet werden, sie sollten mit Skandalen nicht zusätzliche Medienöffentlichkeit erhalten, damit sich alle mal so richtig schön darüber empören können (und die betreffenden Medien dadurch viel Geld verdienen). Wo wir solchen Geschichten begegnen, müssen wir über sie aufklären. Und wenn hochrangige Politiker:innen, Bundestagskandidat:innen oder Funktionsträger:innen antisemitische Codes verwenden, muss man das klar kritisieren und aufklären.

Es wird viele Fälle im Graubereich geben, wo Freiheit der Kunst oder Meinungsfreiheit mit dem Schutz von Menschen in Konflikt geraten. Das wird in einer Demokratie immer verhandelt. Aber gleichzeitig darf man nicht gerade die grauen Aussagen dadurch hochhypen, dass man in jeder Talkshow diskutiert, ob etwas gesagt werden sollte oder nicht: Das verleitet nämlich Menschen dazu, nur noch mehr antisemitischen Mist von sich zu geben, um berühmt zu werden.

Zweitens: Den Grund für das emotionale Bedürfnis nehmen. Denn der Kern von Verschwörungserzählungen liegt doch in diesem Gedanken: »Wenn *ich* schon keine Kontrolle über mein Leben habe – *irgendjemand* muss sie doch haben.« Es ist ja nicht normal, Hass auf Menschen zu haben, die man gar nicht kennt. Oder ihnen Rechte entziehen zu wollen. Das Problem besteht ja meistens eher mit einem selbst. Mit einer vermeintlichen Opferrolle in der Gesellschaft. Mit einer gefühlten Ohnmacht. Das Gefühl, möglicherweise für seine eigene Gesellschaft irrelevant zu sein oder zu werden, kann Menschen völlig irrational werden lassen. »Wir sind wieder wer« war ein starker motivierender Gedanke zu Beginn des Nationalsozialismus. Nur so konnte er gut Fuß fassen.

Die Kunst besteht also darin, Menschen klarzumachen: Ihr seid schon wer. Das ist ja die Stärke der Demokratie. Sie basiert im Wesentlichen darauf, dass das Staatsvolk der Souverän ist und dass alles Regieren und alles Geschehen letzten Endes einen selbst betrifft. Das Gefühl kann man bloß leicht verlieren. Denn so richtige Kontrolle über unser Leben – Selbstwirksamkeit – erfahren einige von uns nicht so stark wie andere. Von der Schule, wo man morgens früh zu erscheinen hat und dann im 45-Minuten-Takt neue Lektionen bekommt, auf die man geprüft wird, über den Arbeitsplatz, wo man Aufträge bekommt und dem Vorgesetzten je nach Charakter besser keine Widerworte gibt, bis zur Politik, wo man zwar Parteien wählen kann, dann aber vier Jahre mehr oder weniger hilflos zusehen muss – viele Menschen machen in diesem Land kaum je die Erfahrung, dass es auf sie ankommt.

Dabei gibt es eigentlich viele Gelegenheiten. Von Kinderparlamenten in Kitas über verbindliche Schülerbeteiligung, kommunale Aktionen, Nachbarschaftsinitiativen, Lokalpolitik bis hin zu Bürgerräten haben wir viele Möglichkeiten, uns als Menschen einzubringen – oder zumindest haben wir die Option, uns diese Möglichkeiten zu erstreiten. Das ist, was wirklich gefestigt werden muss, um Antisemitismus zu begegnen. Das echte Miteinander. Das Lenken des Blicks auf echte soziale Missstände verdrängt die Notwendigkeit, sich über irgendwelche erfundenen Missstände zu echauffieren. Die Vernetzung in der eigenen Umwelt nimmt den Hass auf Menschen, die man nie getroffen hat. Wir müssen Netzwerke zwischen Menschen stärken. Soziale Netze neu aufbauen. Besser zueinander sein.

Es wäre gemein von den Lesenden, das als Apologetik für Antisemit:innen zu lesen. Ich weiß nur, dass Antisemit:innen es in so einer Welt so unendlich viel schwerer hätten, irgendjemanden für ihre bescheuerten Ideen zu begeistern. Und ich weiß, dass ich lieber in so einer Welt leben würde. Wir begegnen Antisemitismus nicht mit einer Unterrichtseinheit. Wir begegnen ihm mit dem Stärksten, was Demokratie zu bieten hat.

**ELIYAH**

Wer ein Mitglied einer marginalisierten Gruppe persönlich kennengelernt hat, ist deutlich weniger gefährdet, diese Gruppe zu diskriminieren. Das ist auch ein Grund dafür, dass dieses Buch kein besseres Wikipedia zu jüdischen Bräuchen ist, sondern Marinas und mein Gesicht trägt und unsere persönlichen, menschlichen Erfahrungen transportiert. Ich hoffe, dass die Leser uns so ein wenig kennenlernen und schon allein dadurch gegen antisemitische Ideen immunisiert werden.

## Kritik an der israelischen Regierungspolitik sieht sich schnell mit dem Vorwurf des Antisemitismus konfrontiert. Ab wann zu Recht?

**MARINA**

Das ist eine gute Frage. Dazu gibt es einen sehr praktischen Test. Also erstens: Natürlich kann man die israelische Regierung kritisieren, genau wie man die deutsche Regierung kritisieren kann und um G'ttes Willen jede demokratische und vor allem nicht demokratische Regierung. Aber wenn ihr wissen wollt, wann die Grenze zum Antisemitismus überschritten ist, hilft die 3-D-Regel gut weiter. Ist eines dieser Kriterien erfüllt, ist die Kritik wahrscheinlich antisemitisch.

- **Dämonisierung**: Wird Israel das absolute Böse zugeschrieben? Es kann sein, dass Israels Politik mit dem Holocaust verglichen wird. Es kann sein, dass Israel rein böse Absichten unterstellt werden. Wenn dem gesamten Staat, samt all seiner Bewohner, eine einzige Intention unterstellt wird.
- **Delegitimierung**: Das heißt, die Kritik ist darauf ausgerichtet, dass der Staat Israel grundsätzlich nicht existieren

darf. Das ist deshalb antisemitisch, weil es letzten Endes den einzigen sicheren Hafen des Judentums vernichten würde. Nicht dazu zählen all die Debatten um Einstaaten- oder Zweistaatenlösung oder andere pragmatische Politik, die prinzipiell sagt: ja, es darf einen Staat Israel geben, aber er muss anders aussehen.

- **Doppelte Standards:** Diese werden angewandt, wenn man Israel etwas vorwirft, das man einem anderen Land, das dasselbe macht, nicht vorwirft. Ihr werdet außerdem viele Menschen finden, die damit beschäftigt sind, bei jeder passenden und unpassenden Gelegenheit auf die Verbrechen Israels hinzuweisen, ohne die irgendeines anderen Staates je zu erwähnen. Das zeigt, dass es der Person nicht wirklich um Menschenrechte geht, sonst ginge es ihr ja überall darum.

Die Linie für Israelkritik ist schwierig. Es sei hier angemerkt, dass ich allein deshalb nicht in Israel lebe, weil ich mich sonst den ganzen Tag über die Politik des Landes aufregen müsste. Und dann vermutlich dort politisch aktiv werden müsste. Und niemand will das. Es gibt eine Menge zu kritisieren. Das darf aber niemals das Versteck für Antisemitismus sein. Und völlig unnötig zu sagen, dass es klar antisemitisch ist, wenn man gegen die Politik Israels vor Synagogen demonstriert. Synagogen sind keine israelischen Botschaften. Jüd:innen in Deutschland können israelische Politik nicht beeinflussen.

**ELIYAH**

Ich empfehle, die Antisemitismusdefinition von der IHRA (International Holocaust Rememberance Alliance) zu studieren. Diese Definition wurde von vielen Ländern angenommen und auch vom Deutschen Bundestag ratifiziert. Im Zuge der Annäherung zwischen arabischen Staaten und Israel auch von einigen arabischen Staaten. Außerdem bekennen sich viele Bundesligavereine zu der Definition, um die Arbeit mit Fangruppen zum Thema auf eine solide Basis zu stellen. In dieser Definition ist Antizionismus als israelbezogener Antisemitismus enthalten, mit genauer Beschreibung, ab wann Kritik an Israel antisemitisch ist. Link:

**Wie reagiert ihr, wenn ihr einem Menschen begegnet, der antisemitisch denkt?**

**MARINA**

Erst mal ist es wichtig, überhaupt zu reagieren. In sozialen Situationen ist es leichter, mal über einen Witz zu lachen, als anzumerken, dass eine Aussage antisemitisch war. Denn Lachen ist die »soziale« Reaktion, während Widersprechen ein politischer Akt ist. Viele Menschen haben eine Scheu, im Alltag gegenüber Freund:innen »politisch« zu werden. Zu Unrecht: Freund:innen lassen Freund:innen nicht Antisemit:innen werden.

Das beste Werkzeug, das ich gefunden habe, liegt darin, einen Menschen von seinen Aussagen zu trennen. Nicht der Mensch *ist Antisemit*, sondern die Aussage ist *antisemitisch*. Das gibt dem Menschen die Möglichkeit, sich gesichtswahrend zu distanzieren. Wenn ihr ihn als Menschen unter Druck setzt und ihm eine Eigenschaft zuschreibt, kann ihn das in Trotz und stärker in diese Eigenschaft hineintreiben. Ich habe außerdem gelernt, dass es gut ist, eine persönliche Beziehung zu dem Menschen zu haben, dessen Verhalten ich da ändern will. Freund:innen und Verwandte haben hier die besten Karten. Und dann hilft es, aufzuzeigen, wie Antisemitismus funktioniert: von kleinen Witzen über Geschichten bis zu einer Atmosphäre, in der echte lebendige Menschen um ihre Sicherheit fürchten müssen. Das ist Aufklärungsarbeit.

Bei richtigen Antisemit:innen, die also genau wissen, was sie tun und es tun wollen, hilft Aufklärung aber nicht. Denen muss man Bühne und Macht wegnehmen. Sie dürfen ihre Einstellungen nicht weiterverbreiten. Hier ist die gesellschaftliche Abgrenzung tatsächlich gefragt.

**ELIYAH**

In den frühen Zeiten des Internets gab es mal die Losung »Don't feed the Troll«. Das bedeutet in etwa so viel, dass man Menschen in Onlineforen, die destruktiv kommunizieren, ignorieren und ihnen somit die Grundlage für ihr Tun entziehen soll. Das hat damals schon nur leidlich geklappt und heute noch weniger. Wenn menschenfeindliche Aussagen auf Social Media unwidersprochen stehen bleiben, kommen Dritte und lesen das und schließen aus dem fehlenden Widerspruch, dass diese Aussage zumindest ein Körnchen Wahrheit beinhaltet. Daher muss widersprochen werden, und wenn die Inhalte offen antisemitisch sind, gemeldet werden, damit sie verschwinden. Manche Plattformen erlauben den Benutzern, selbst zu moderieren und Kommentare unter ihren Beiträgen zu löschen. Davon sollte man Gebrauch machen. Im wirklichen Leben ist es schwerer, Leute zu konfrontieren. Im Grunde hat Marina alles dazu gesagt, was wichtig ist.

**Welcher Antisemitismus begegnet euch am häufigsten (rechtsextremer, islamistischer, linker Antizionismus, Verschwörungsmythen etc.)? Welche Form ist eurer Meinung nach die gefährlichste?**

**MARINA**

Antisemitismus stammt hauptsächlich aus einer Quelle: den Antisemit:innen. Manche davon sind Linke, manche Muslim:innen, manche sind Rechte, manche sind rechte Muslim:innen und … manche sind auch Jüd:innen. Ja, es gibt auch eine Form von internalisiertem Antisemitismus. Darüber sprechen wir später.

In Deutschland habe ich am allermeisten Angst vor dem rechten Antisemitismus. Warum? Linker Antisemitismus bezieht sich oft auf den Staat Israel oder auf antisemitische Kapitalismuskritik. Man kann diesem Antisemitismus oft mit Diskussion und Aufklärung begegnen, und das tue ich. Muslimischer Antisemitismus rührt sehr oft aus Familien, die aus Staaten kommen, wo Antisemitismus einfach zur Staatsräson gehört. Ihre Schulbücher sind entsprechend gestaltet, und sie wachsen mit Karikaturen von Jüd:innen auf, die sie dann hassen, ohne je welche getroffen zu haben. Ich habe Angst vor muslimischem Antisemitismus. Gleichzeitig kann ich daran arbeiten, wenn ich beispielsweise an Schulen gehe und mit muslimischen Schülern einfach rede. Viel ist schlicht Unwissen und Gewohnheit. Ich will das Problem keineswegs kleinreden. Es kann sein, dass ich auf der Straße angegriffen werde, wenn mich jemand erkennt.

Es ist ein anderer Grund, warum ich strukturell den rechten Antisemitismus mehr fürchte. Dass Deutschland ein islamischer Staat werden könnte, fällt eher in das Reich der Phantasien von Rassisten, die versuchen, dadurch die Bevölkerung aufzustacheln und hinter sich zu bringen. Dass Deutschland aber von rechten Parteien regiert werden könnte, das ist eine reale Angst, die ich habe. Die Antisemit:innen dort haben eine reale Möglichkeit, an die Macht zu kommen. Sie können die Mehrheitsgesellschaft gegen Juden aufstacheln, und die Erfahrung der letzten Jahre zeigt nicht gerade, dass die gute Mittel hat, sich dagegen zu wehren. Das ist, was mir Angst macht. Das Wesen des Antisemitismus ist so wenig verstanden, dass er eigentlich jederzeit wieder in die breite Gesellschaft kommen könnte.

Aber zusammenfassend gesagt: Ich habe Angst vor Antisemit:innen. Nicht vor Muslimen. Nicht vor Linken. Ich habe Angst vor Menschen, die verschiedenen Menschen verschiedene Würde zugestehen. Und die diese Erzählung salonfähig machen könnten – und in Gesetze überführen.

**Gäbe es von einem Tag auf den anderen keine Juden mehr: Würden die Antisemit:innen sich dann auf einen anderen globalen Sündenbock einigen? Oder würden sie ihren Hass in jedem Land auf eine andere Gruppe lenken?**

**ELIYAH**

Ich hoffe mal, dass es nicht vorkommen wird, dass es von einem auf den anderen Tag keine Jüd:innen mehr gibt! Irgendeinen Sündenbock braucht man offenbar, und die Juden haben sich bisher immer angeboten. Wir haben das weiter oben schon angesprochen. Offensichtlich sucht man immer irgendjemanden, der am eigenen Versagen schuld ist. Das fängt im Lokalpatriotismus an und geht im Nationalismus weiter und mündet im Rassismus. Wenn es die Juden nicht sind, dann sind es die Chinesen oder die Schwarzen oder irgendjemand, der irgendwie anders ist als man selbst.

**MARINA**

Eine interessante Beobachtung, zu der ich gern mehr historische Forschung hätte: Nach den großen Pogromen gegen die Juden im Mittelalter war die Zahl der jüdischen Gemeinden reduziert. In der Frühen Neuzeit schloss sich die Hochzeit der Hexenverbrennung an. Und was wurde Hexen vorgeworfen? Kindermord, Teufelspaktiererei, Brunnenvergiftung… klassische Vorwürfe, die man vorher mit Juden in Verbindung brachte.

Wer keine Komplexität erträgt, wird sich immer billige Projektionsflächen suchen, die er zum Bösen stilisieren kann. Juden sind das nur aus Tradition. Es ist deshalb ungünstig, Antisemitismus darzustellen als völlig singuläres Phänomen. Es ist nichts »Besonderes« an Juden, das diesen Hass heraufbeschwört. Gruppenbezogene Menschenfeindlichkeit hat ihre Wurzeln in den Täter:innen, nicht in den Opfern.

Aus diesem Grund finde ich es übrigens so wichtig, dass wir uns als Jüd:innen in Deutschland solidarisch zeigen mit Muslim:innen, die von Rassismus betroffen sind, mit Schwarzen Menschen, mit allen Minderheiten. Weil es uns letztlich alle trifft.

## Haben verschiedene Generationen verschiedene Haltungen zum Antisemitismus?

**MARINA**

Sehe ich ehrlich gesagt nicht. Im Gegenteil, ich finde es bemerkenswert, wie konstant sich Antisemitismus über die Generationen und Jahrhunderte hinweg hält.

**ELIYAH**

Du meinst aus nicht jüdischer Sicht?

**MARINA**
Ja, aus nicht jüdischer Sicht. Haben verschiedene jüdische Generationen verschiedene Einstellungen zum Antisemitismus?

**ELIYAH**
Ideen, wie man mit Antisemitismus umgeht, haben sich gewandelt. Lange Zeit hat man versucht, nicht anzuecken, nicht aufzufallen, keinen Grund zu liefern. Man merkt das auch in religiösen Traditionen. So haben zum Beispiel deutsche Juden die Perücke für die Frau eingeführt, weil sie vermeiden wollten, dass man jüdische Frauen am Kopftuch erkennt. Deutsche jüdische Männer versteckten ihre Schaufäden, selbst Gebete wurden geändert, um die christliche Mehrheitsgesellschaft nicht zu beleidigen und vieles mehr. Mit der Etablierung des Staates Israel hat sich das grundlegend geändert. Wir sind nicht mehr die, die versuchen, irgendwie durchzukommen und zu überleben, sondern wir sagen: »Wir sind hier, wir sind stark, und wir verteidigen uns selbst.« Das ist der Paradigmenwechsel in der jüdischen Welt.

**Allerdings versteckt eine solche Perücke heute ja nicht mehr, dass sie Jüdinnen sind, da die restliche Kleidung ja doch auch auffällig ist. Warum machen orthodoxe Jüdinnen das noch? Und warum alle mit der gleichen Frisur?**

**ELIYAH**
Das ist eine typisch jüdische Sache: Gewohnheiten werden zu Traditionen, Minhag genannt, und die bekommen eine eigene Bedeutung und Dynamik. Die Perücke wird heute hauptsächlich von Chabad-Frauen getragen, weil deren oberster Rabbiner Schneerson ז"ל gesagt hat, dass nur eine Perücke in der Lage ist,

den Blick auf jedes einzelne Haar zu verbergen. An diesem Beispiel erkennt man auch, dass unsere Religion Regeln befolgt, nicht unbedingt der Idee hinter der Regel. Wenn der Grund wäre, dass weibliche Haare erotisch sind, wäre eine Perücke kontraproduktiv. Aber der Grund ist für die Regel egal. Und die ist: Die Haare müssen verdeckt sein.

## Wo äußert sich Antisemitismus (subtil / unbemerkt) im deutschen Sprachgebrauch?

**MARINA**

Einerseits, wie gesagt, gibt es Hundepfeifen wie die »Globalisten«, »Welteliten«, »Zionisten« »Kulturmarxismus«. Das sind alles Bezeichnungen für Juden, die Antisemit:innen heute verwenden, ganz platt einfach nur ein Ersatz für das Wort »Juden«.

Es gibt aber auch subtilere Sachen, die sich über die Jahrzehnte und Jahrhunderte in die Sprache eingeschlichen haben. Wie zum Beispiel das Wort »mauscheln«. Es kommt aus dem 19. Jahrhundert und kommt eigentlich vom jüdischen Namen Moishe. Und »mauscheln« bedeutet letzten Endes: »Reden wie ein Jude.« Es gibt auch viele Wörter, die aus dem Jiddischen stammen und die für negativ konnotierte Sachen verwendet werden, wie zum Beispiel »Mischpoke« oder »Rede nicht so einen Schmu« (vom Namen Shmuel) oder »schachern«.

**ELIYAH**

Auch die Gangstersprache kennt viele jüdische Wörter, wie zum Beispiel das »Schmiere stehen« kommt aus dem Hebräischen vom Wort »Shmira« – »aufpassen«. »Ganove« kommt von »Ganav«, dem hebräischen Dieb. »Knast« kommt von »K'nás«, was Strafe heißt auf Hebräisch. Die Ganovensprache hat viele Lehnwörter aus dem Jiddischen und aus dem Hebräischen. Ich würde diese Wörter aber nicht grundsätzlich als problematisch bezeichnen. Ich finde sie teilweise sehr schön und benutze selber auch »Ganove« und »Knast«. Aber man sollte sich dessen bewusst sein. Wenn man gezielt eine:n Jüd:in als Ganov:in bezeichnet, ist das etwas anderes, als wenn man eine:n Deutsche:n als solche:n bezeichnet.

**MARINA**
Ich glaube auch, dass diese Wörter nicht wirklich einen antisemitischen Hintergrund haben, sondern es sind tatsächlich Lehnworte aus dem Westjiddischen, die ihren Weg ins Rotwelsch, eine Art »Gauner-Jargon« gefunden haben. Und deswegen haben wir viele Wörter aus diesem Bereich, der eben Gauner betrifft. (Davon stammt übrigens auch Masematte ab, das hier in Münster gesprochen wird.) Grundsätzlich sollte man vor allem auf Codewörter achten, die einfach nur benutzt werden, um in seiner Diffamierung nicht »Jude« sagen zu müssen.

## Welche neurechten Chiffren für Juden und den Mythos von der jüdischen Weltverschwörung sollte heute jede:r kennen?

**MARINA**
Ich habe das vorhin angedeutet. Ich finde aber die Frage sehr, sehr wichtig. Also, wenn vom »Kulturmarxismus« gesprochen wird, wenn von der »neuen Weltordnung« oder »NWO« gesprochen wird, wenn von »Globalisten«, »globalen Eliten« oder dem »Finanzkapital« gesprochen wird und ein Donner im Hintergrund ertönt, sind Juden gemeint. Es gibt auch universell antisemitische Symbole, die sozusagen Antisemitismus andeuten, ohne ihn auszusprechen, und dazu gehört zum Beispiel die weltumspannende Krake. Das heißt, auch wenn ihr,

liebe Datenschützer:innen, die Datenkrake verwendet. Es ist kein unschuldiges Symbol. Weil dahinter die Idee steckt, dass es irgendwo eine Kabale gibt oder eine verschworene Gruppe, die überall auf der Welt ihre Finger im Spiel hat. Das ist nämlich das Ding an der Krake, sie hat viele Arme, aber nur einen Kopf. Und wenn man den Kopf nur abschlägt, dann sterben all die Arme. Wenn man sich dann fragt, wo ist der Kopf?, dann deuten Antisemit:innen sofort auf Juden. Das heißt, wenn ihr dieses Narrativ verbreitet, ohne dass ihr auch nur an Juden denkt, kann es trotzdem antisemitisch sein, weil Jüd:innen darunter leiden werden. Wenn wir beispielsweise nicht begreifen, dass Kapitalismus ein Zustand ist, zu dem wir alle jeden Tag beitragen, sondern Kapitalismuskritik üben als: »Die bösen Finanzkapitalisten! Wenn wir die nur loswerden, dann hätten wir nicht diesen bösen, ausbeuterischen Kapitalismus«, dann ist das antisemitisch. Ich habe in einem Blogartikel ausführlicher erklärt, warum Kapitalismuskritik strukturell antisemitisch sein kann (siehe https://marinaweisband.de/ueber-strukturellen-antisemitismus/).

Und dann eben auch nicht zielführend ist, denn es gibt nicht die bösen Menschen, die das alles planen. Wir leben vielmehr in einem System, das Ressourcen konzentriert, einige wenige Menschen sehr reich macht und sie die Spielregeln diktieren lässt, und das von ständigem Wachstum abhängig ist auf einem begrenzten Planeten. Solange wir uns diesen Wahrheiten nicht stellen, ist jedes Gerede von »den bösen Kapitalisten« reiner Populismus.

**ELIYAH**

Und wie du es richtigerweise sagst, traurigerweise ist diese Art von Antisemitismus einer, der oft aus dem linken politischen Spektrum kommt. Das lässt uns auch ein bisschen ratlos zurück, weil wir eigentlich ja im linken Spektrum unsere Freund:innen und Unterstützer:innen vermuten würden. Aber finden sie dort eben auch nicht immer.

**Machst du einen Unterschied in der Art des Antisemitismus? Hast du eine Art Skala, und kannst du persönlich eine Art eher verzeihen als eine andere? Ab welchem Grad / welcher Intensität / wie auch immer siehst du Leute als nicht mehr zurückholbar an?**

**ELIYAH**

*Erstens* steht es mir nicht zu, Antisemitismus zu verzeihen, denn Antisemitismus betrifft alle Jüd:innen, und ich kann ja nicht im Namen anderer Jüd:innen Antisemitismus verzeihen. Das steht mir nicht zu. Und das ist etwas, was sogenannte Alibi-Jüd:innen oder Tokens gerne machen. Sie stellen Persilscheine aus für irgendwelche Leute, die im Verdacht stehen, Antisemitismus zu verbreiten, und sagen: »Nein, ich als Jude sage, das ist kein Antisemit.« Dazu gehören nicht nur einzelne Menschen, sondern auch Vereine wie die »Jüdische Stimme für Demokratie und Gerechtigkeit in Israel / Palästina jvjp« oder die »Juden in der AfD«, die glauben, ihr eigenes Judentum ist ein inhaltliches Argument. *Zweitens,* im Umgang mit Antisemit:innen mache ich einen Unterschied nach meiner persönlichen Einschätzung: Ist mein Gegenüber verloren im Verschwörungswahn, oder kann man diese Person noch erreichen? Ich gehe da relativ weit und versuche wirklich, Leute zu gewinnen und mit ihnen zu reden und davon zu überzeugen, dass der Antisemitismus, den sie transportieren, doch eigentlich nicht ihrer tiefsten Überzeugung entspricht und dass sie das mehr oder weniger aus Versehen tun. Aber es gibt natürlich zu viele Menschen, die Verschwörungsmythen anhängen – und da denke ich mir: Da ist Hopfen und Malz verloren. Das sind einfach Antisemit:innen, mit denen redet man nicht. Die muss man aus dem Diskurs ausschließen.

**MARINA**

So sehe ich das auch. Meine Daumenregel ist so: Ich beginne immer mit Hinweisen: »Hey, das, was du hier gerade gemacht hast, das ist antisemitisch, weil …« Wenn die angesprochene Person dann sagt: »Oh, entschuldige bitte«, und sichtbar daraus lernt oder es auch anderen erzählt, dann ist das kein Antisemit. Aber wenn ich mehrmals auf Antisemitismus hinweise und die Person sich wiederholt dementsprechend verhält, dann muss ich an Absicht glauben. Dann kann ich auch nicht mehr dagegen kämpfen, und Deplatforming ist gefragt. Das heißt, diese Person wird von mir keine Macht, keinen Raum und keine Bühne bekommen – und vom Rest der Gesellschaft hoffentlich auch nicht. Deplatforming hat sich im Kampf gegen die Neue Rechte als sehr nützlich erwiesen.

## Sind Zionisten gefährliche Fundamentalisten?

**MARINA**

Zionisten waren ursprünglich Leute, die sich für die Existenz eines Staates Israel eingesetzt haben. Und, ich will nicht spoilern, aber sie hatten Erfolg. Wenn man jetzt von Zionisten als bösen Fundamentalisten spricht, meint man Juden! Es ist ein Codewort. Das ist ein Codewort für Juden, das Antisemit:innen benutzen, um nicht »Juden« sagen zu müssen.

**ELIYAH**

Ich bin Zionist! Die Idee des Zionismus ist eigentlich eine sehr fortschrittliche und war nie und ist nicht irgendwie eliminatorisch begründet, nirgendwo. Man kann keine zionistischen Schriften finden, die darauf drängen, wir müssen ein Weltjudentum erschaffen, das die Welt beherrscht, und wir wären besser als alle anderen. Im Gegenteil, der Zionismus war die Antwort auf die Frage: Wie gehen wir mit dem Antisemitismus um? Uns anzupassen haben wir jahrhundertelang probiert, und es hat nicht funktioniert, also brauchen wir jetzt unseren eigenen Staat, unsere eigene Autonomie. Es ging darum, diesen Paradigmenwechsel, über den wir schon gesprochen haben, wie Jüd:innen mit Antisemitismus umgehen, einzuleiten. Und das hat, wie du richtigerweise gesagt hast, funktioniert. Natürlich funktioniert es nicht reibungslos. Es ist teilweise problematisch, wie wir als jüdische Mehrheitsgesellschaft mit unseren muslimischen Bürgern umgehen. Das ist vollkommen klar. Wer uns aber deswegen als »zionistische Fundamentalisten« beschimpft, legt mal wieder doppelte Standards an. Wenn solche Kritik aus Deutschland kommt, dann sage ich: Ein:e muslimische:r Israeli hat mehr Rechte und mehr Respekt und mehr Verständnis für die Religionsausübung und mehr Unterstützung aus der Mehrheitsgesellschaft als ein:e Muslim:in in Deutschland.

**MARINA**

Ich merke, wie sehr ich als Jüdin in Deutschland immer sehr großen Wert darauf lege, dass der ganze Nahost-Konflikt und die Diskussionen darum möglichst nicht in die Diskussion über das Judentum in Deutschland einfließen, weil ich bemerke, dass viel Antisemitismus eben darauf aufgebaut ist. Und es ist eine Situation im Nahen Osten, die für die meisten Deutschen absolut undurchsichtig ist. Und ich möchte nicht rumlaufen und mich ständig für die Politik eines Landes rechtfertigen –

oder sie erklären oder irgendwie Bildungsarbeit betreiben –, zu dem ich überhaupt nicht gehöre, in dem ich nicht lebe und auf dessen Politik ich keinen Einfluss habe. Ich glaube, das sind die beiden Dinge, die man trennen muss. Israel ist ein demokratischer Staat, und es hat definitiv ein Existenzrecht. Ich selbst bin Kritikerin der israelischen Regierung, aber deutsche Jüd:innen sind nicht verantwortlich zu machen für alles, was in Israel passiert.

**ELIYAH**

Vor allem, weil dieses Verantwortlich-Machen ja auch eine Unterstellung ist. Eine Unterstellung, dass wir sowieso alle unter einer Decke stecken und dass wir im Grunde keine Demokratie sind, sondern irgendwie zentral gelenkt. Dabei ist es geradezu ein geflügeltes Wort, dass zwei Jüd:innen drei Meinungen haben, und wer die Politik Israels nicht aus der Ferne und über Zeitungsüberschriften verfolgt, wird sehen, dass hier so viel demokratisch gestritten wird wie in kaum einem anderen Land.

**Frage aus der Germanistik: Auch in Texten namhafter Autor:innen kommen stereotype jüdische Figuren vor. Oft zeitgenössisch »übliche« Darstellungen, aber durchaus antisemitisch. Wie heute mit diesen Texten umgehen? Hin und wieder eine Fußnote – und sonst?**

**ELIYAH**

Das ist ein schwieriges Thema. Die Frage kommt wahrscheinlich daher, weil zum Beispiel in alten Übersetzungen von Literatur wie »Pippi Langstrumpf« das N-Wort benutzt wird und jetzt die Bücher neu übersetzt werden, um nicht mehr diskriminierende Wörter zu verwenden. Der Konflikt entsteht zwischen dem Wunsch nach Bewahrung von einem kulturellen Erbe und der aus neuen Erkenntnissen und Wissen um Diskriminierung zu ziehenden Konsequenzen. Früher hat man die Diskriminierung, die beispielsweise in der Reproduktion des N-Wortes steckt, nicht so ernst genommen. Heute weiß man, dass das falsch war. In diesem Fall bin ich daher inzwischen auch dafür, dass man das Wort grundsätzlich, vor allem in Kinderbüchern, ändert. Bei Literatur, die sich ausschließlich an Erwachsene richtet, die so intelligent sein sollten, dass sie Zusammenhänge verstehen und einordnen können, ist es vor allem bei klassischer Literatur etwas anderes. Hier wiegt meiner Meinung nach die Bewahrung des Erbes mit all seiner rassistischen Hässlichkeit schwerer. Aber vor allem in Kinderbüchern muss das geändert werden, denn diese diskriminierenden Wörter müssen unnormal werden. Bei antijüdischer Literatur ist es noch komplizierter. Wenn wir Shakespeares Shylock nehmen, der ein Jude ist, den Shakespeare sich komplett ausgedacht hat, denn er hat ja nie einen wirklich getroffen im Leben, so hat er trotzdem doch einiges an Jüdischkeit ausgestrahlt in dem, was er sagt. Etwa wenn er sagt »Wenn ihr uns stecht, bluten wir nicht? Wenn ihr uns kitzelt, lachen wir nicht? Wenn ihr uns vergiftet, sterben wir nicht?« Aber der Stereotyp des Rachsüchtigen kommt eben gleich hinterher: »Und wenn ihr uns beleidigt, sollen wir uns nicht rächen?« Natürlich soll *Der Kaufmann von Venedig* jetzt deswegen nicht irgendwie auf den Index kommen, aber man muss den historischen Zusammenhang beim Lesen eindeutig verstehen. Aber wenn ein Buch in keinem historischen Zusammenhang wichtig ist, wie zum Beispiel Kinderbücher, die immer wieder an die Generation angepasst werden, dann sollte man das ändern.

**MARINA**

Ich selber bin großer Fan davon, hier mit Fußnoten und Begleitmaterial zu arbeiten, weil ich glaube, dass wir über Antisemitismus in klassischer Literatur sehr viel über Antisemitismus lernen können. Gerade daran – warum ist dieses oder jenes antisemitisch, und wie führt ein scheinbar unschuldiges Klischee zu Hass und der wiederum zu Gewalt und die wiederum zu Genozid – können wir so viel verbildlichen. Und deswegen würde ich sagen, die literarischen Werke behalten und, soweit es geht, immer Begleitmaterial und bildendes Material hinzufügen.

# Schlusswort

Auf dem Cover dieses Buches stehen zwei Namen. Aber an seiner Entstehung beteiligt waren viel mehr Menschen. Und damit sind nicht nur die Menschen gemeint, die bei jedem Buch ihre helfenden Hände reichen wie das Lektorat oder die ganzen wunderbaren Menschen im Verlag. Namentlich zu nennen sind Karol Kosmonaut, dessen Arbeit die Videos, auf denen dieses Buch basiert, erst möglich gemacht haben. Außerdem Dr. Michael Blume, der nicht nur ein wunderbares Vorwort beigesteuert hat, er hat auch unsere Antworten mit dem Blick eines Wissenschaftlers für uns durchgesehen. Aber vor allem wollen wir den Menschen danken, die uns mit ihren Fragen herausgefordert haben und ihre Perspektive beigesteuert haben. Was Marina auf Twitter gestartet hat, kann man als Ideen-Crowdfunding bezeichnen. Und alle, die Fragen gestellt haben, sowie alle Jüd:innen, die bereits auf Twitter darauf eingegangen sind, sind Unterstützer:innen dieses Projekts. Ein Projekt, von dem keiner von uns ahnte, dass es in einem Buch münden würde.

Und jetzt? Jüdisches Leben in Deutschland gibt es seit über 1700 Jahren. Und auch heute ist es lebendig, nur leider oft versteckt. Informiert euch über das jüdische Leben in eurer Heimatstadt, stellt weiter Fragen, besucht eine Synagoge, aber nicht als Museum, sondern während eines G'ttesdienstes. Gebt euren jüdischen Nachbar:innen das Gefühl, dass ihr für sie da seid, wenn sich Antisemitismus Bahn bricht. Denn so werden die nächsten 1700 Jahre vielleicht bessere Jahre für uns alle. Denn eines wird man aus dem Mund von Jüd:innen niemals hören: Früher war alles besser.